世代の痛み

団塊ジュニアから団塊への質問状

上野千鶴子
東京大学名誉教授

雨宮処凛
作家・活動家

598

中公新書ラクレ

まえがき――団塊ジュニアは40代を迎え、団塊世代は老いた

団塊世代に言いたいこと

最近、イスラム国（ＩＳ）の動画を見ていてドン引きした。

イスラム国の兵士は、ジハードで死んだ場合、天国に行けるのだという。しかもその天国には、72人の処女が待っているというのだ。が、女性兵士に殺された場合は決して天国に行くことはできない。よって彼らは何よりも「女性兵士に殺されること」を怖れているということだった。

72人の処女。

イスラム国の兵士にとっては、命を投げ出してもいいほどの「褒美」なのだろう。が、性別を入れ替えてみたら？　女性兵士が死んだとして、そこに「72人の童貞」が待っていたらどうだろうか。わたしは絶対勘弁だ。なんだか猛烈に「中学の部室」っぽい匂いがしそうではないか。それは天国などでなく、かなり地獄に近い場所だ。

このように、わたしはここ数年、「なんかおかしいな」と思ったことには「性別を入れ替えてみる」という手法を使っている。

「女性の活躍」とか言うけど、決して言われない「男性の活躍」。「イクメン」ともてはやされる男たちと、子育てしてるくらいじゃ決して褒められたりしない女性。

このような性別入れ替えをわたしは勝手に「必殺！　フェミ返し」と呼んでいるのだが、フェミニズムの第一歩って、こういうことでいいのでしょうか？　上野さん。


本書では、団塊世代の上野千鶴子さんと団塊ジュニアであるわたしが思う存分語り合った。

１９７５年生まれで、ロスジェネ[*1]で、就職氷河期世代とか非正規第一世代とか貧乏くじ世代とか嬉しくない名前ばかりがつけられているこの世代。もともと、団塊世代に言いたいことは山ほどあるのだ。

たとえば団塊ジュニアの多くが、団塊世代の親が手にしているものを手にしていない。

正社員の椅子。結婚。出産。子育ての経験。ローンを組んで買った家。子ども。

そんな現実に対して、団塊親は言うのだ。

「怠けている」「努力が足りない」などと。

長年、団塊親と団塊ジュニアは同じ社会に生きているのに、まったく違う光景を見ていた。経済成長の時代を生き、安定した職が得られた上に賃金は右肩上がりという「成功体験」を持つ親。かたや、社会に出ると同時にバブル崩壊後の不況の荒波にブチ込まれ、以来右肩下がりのこの国で喘《あえ》ぐ団塊ジュニア。

「頑張れば報われる」。団塊親のそんな言葉を信じて頑張ってきたのに、時代は気がつけば「どんなに頑張っても一定の人は決して報われない」社会になっていた。しかし、団塊親にはそれが見えない。実感として、わからない。だからこそ、自分の息子・娘が「怠けて」いて、「努力が足りない」ように思える。非正規であることを責め、正社員としてフルタイムで働いても自分の年金より安い賃金しかもらえないことをなじり、長時間労働でボロボロになった子どもに「歯を食いしばって頑張れ!」「3年はやめるな!」と発破をかける。そうして「非正規だって、頑張って働いていたら見ていてくれる人はいるんだから」と時代錯誤な叱咤激励を繰り返す。

悪気はないのだろう。だけど、それが時に取り返しのつかない断絶を生む。そうして壮絶な親子喧嘩を繰り返した果てに、親へのあてつけのように自殺した団塊ジュニアを、わたしは何人か知っている。

そう思うと、団塊親は可哀想だとも思う。

なんたって、自らが信じ込み、子どもにも教え込んできた一億総中流時代の神話「頑張ればと報われる」が、バブル崩壊で一瞬にして嘘になったのだ。

団塊親は嘘つきだと、多くの団塊ジュニアは思っている。だけど、言わない。言ったところで「社会のせいにするな」と突き放されるに決まっているからだ。

団塊ジュニアの苦境に理解がある団塊世代もいるが、それはそれで時に迷惑だ。

なぜなら、「こんな目に遭って黙ってないで、団塊ジュニアはもっと怒れ！」なんてけしかけてしまうからだ。

「怒れ」と言われたところで、生まれた時からずーっと「自己責任」と言われている。その上、怒るためには自己肯定感が不可欠だ。しかし、そんなものは教育課程でとっくに奪われ尽くしている。どんなに酷い目に遭っても「どうせ自分なんてこんな目に遭って当然だ」「そういう社会なんだ」と思っていれば怒りなど生まれない。それどころか、職場で暴力を振るわれようと暴言を吐かれようと「雇ってもらえるだけ有り難いと思え」と刷り込まれている。自己肯定感を奪われ、自己責任論が内面化された人間が「怒る」とどうなるか。その怒りは、自分に向かうだけである。自傷行為か、自殺。「社会のせいにするな」と言われて育てば、誰も責めずに自らの命を絶つしかない。その上、それと同じくらい「人に迷惑をかけるな」と言われている。

２０００年代に入って団塊ジュニアは「貧困」や「不安定雇用」「未婚」などという形で注目を浴びたわけだが、この世代の苦悩はそのずーっと前から始まっていた。不登校や引きこもり、家庭内暴力などが社会的な注目を浴びたのも、この世代くらいからだろう。

その背景に垣間見えるのは、団塊世代の父の「不在という暴力」だ。

「24時間働けますか」的環境のなか、企業戦士である団塊父の多くは、「働いて金さえ稼いでりゃ文句ないだろ」とばかりに家庭を顧みなかった。結果、妻は子どもに持て余した愛情と欲望と暇と虚栄心と不全感すべてを注ぎ込み、我が子を追いつめていった。だけど、父は気づかない。不在だから。子どもが取り返しのつかない状況になって初めて事態の深刻さを知るが、「お前の育て方が悪い」の一言で済ませてしまう。

引きこもりの高齢化が問題となっているが、そのなかにはやはり、団塊ジュニアも多い。生きづらさをこじらせた団塊ジュニアの背景には、「不在」をライフワークとする無神経な団塊父がいることもまた事実だ。しかし、くやしいことに、どんなに言葉を尽くしても、彼らは何が問題であるかをなかなか理解してくれないのだ。

それぞれの「自由」

本書では、そんな団塊ジュニアのうらみつらみだけでなく、さまざまなテーマについて、縦横無尽に語り尽くした。

たとえば、わたしは20代前半の頃、生きづらさをこじらせて右翼団体に入っていたことがあるのだが、なぜ、女でフリーターで地方出身で高卒という広義の「弱者」性に満ちていたわたしがフェミニズムをかすりもせず、よりによって右翼に流れたのか、という「難題」についても大いに語った。

上野さんの全共闘話もたくさん聞いた。

ハッとしたのは、上野さんが語った「自由になりたいと思った」という言葉だ。

自由。

右翼団体に入った頃、わたしの周りには自殺する自由と援交する自由くらいしかないように感じていた。そして「自由」という言葉は、時に自己責任と同義のような気がしていた。お前が選択したんだから、すべてお前の責任だ。自由にはそれだけの代償が支払われるものなのだ、と。当時フリーターだったわたしは、「自由な働き方」と定義された労働のなか、不自由さにがんじがらめになっていた。フリーターの「フリー」は、言わずと知れた「自由」。だからわたしは、「自由」がなんとなく怖かった。

上野さんが自由が欲しかったのと同じ年頃、わたしは「信じられる人」や「信じられる価値観」に飢えていた。自由よりも、信じられる「何か」が、喉から手が出るほど欲しかった。それは「頑張ったらそれなりに報われる」とか、本当にそれくらいのことでいいから、何かを信じていたかった。

そうして、現在。

「幸せになれる方法」どころか「最低限、野たれ死にしない方法」すらわからなくなった社会で、団塊ジュニアは40代を迎えた。そうしてその分、団塊世代は老いた。

さて、どうしたもんか。

そんなこんなを、上野さんと語った。

雨宮処凛

目次

関連年表

年	本書に関連する事項	主な出来事
1947		日本国憲法が施行
1948	←→ 第一次ベビーブーム 団塊世代	
1949		美空ひばりがレコードデビュー
1966		新3種の神器として3Cこと「カー」「クーラー」「カラーテレビ」
1967	羽田学生デモ事件	
1968	東大紛争	日本のGNPが米国についで世界第2位になる
1969	東大安田講堂占拠事件	
1970	ウーマン・リブ大会が渋谷で開催	よど号ハイジャック事件
1972	連合赤軍によるあさま山荘事件	日中国交正常化
1973		第一次オイルショック
1974	←→ 第二次ベビーブーム 団塊ジュニア	
1975		ベトナム戦争が終結
1976	日本国民の90%が中流意識	ロッキード事件
1977	平均寿命が男女ともに世界一	日本赤軍による日航機ハイジャック事件
1983	「おしん」が放送され高視聴率に	
1985	男女雇用機会均等法が制定	ゴルバチョフがソ連の総書記に就任、ペレストロイカを打ち出す
1987		国鉄が民営化しJRグループが発足
1989		消費税が税率3%でスタート

1990		東西ドイツが統一
1993	企業の雇用調整や内定取り消しが問題化	
1994		自社さ連立政権が誕生
1995	宮台真司著『終わりなき日常を生きろ』刊行 日経連が「新時代の日本的経営」を打ち出し、雇用柔軟化にシフト	阪神・淡路大震災 地下鉄サリン事件
1996	新しい歴史教科書をつくる会が設立 小林よしのり『脱正義論』刊行	
1997		山一証券など金融機関の経営破綻が相次ぐ 消費税の税率が5％に引き上げ
2001	小泉政権が誕生	米国同時多発テロ事件
2004	労働者派遣法が改正、製造業への派遣が解禁、その後の改正で規制が強化	
2005		衆院選で小泉自民党が大勝、郵政民営化法成立
2007	この頃、ロスジェネの貧困が顕在化	
2008		米国リーマン・ブラザーズ経営破綻、金融危機
2011		東日本大震災
2012	労働者派遣法が再改正	衆議院総選挙で自民党が圧勝し政権交代
2014		消費税の税率が8％へ引き上げ
2015	安全保障関連法反対のため、ＳＥＡＬＤｓが国会前で抗議行動	
2016	相模原の障害者殺傷事件	

構成／篠藤ゆり
本文DTP／市川真樹子
写真／中央公論新社写真部

第1章

余はいかにして右翼となりしか

親が死んだらホームレスになるしかない

上野　高度成長とともに歳を重ねたわれわれ団塊世代が、いかにして団塊ジュニアの貧困や生きづらさを生み出したのか。団塊世代*の責任は大きいと、最近強く痛感しています。そこで反省の意味も込めて、雨宮さんと語り合おう、と。雨宮さんのご両親は、団塊世代ですか？

＊「団塊の世代」は１９４７〜49年生まれの戦後ベビーブーマーの世代に対して堺屋太一がつけた命名。「団塊ジュニア」はその後１９７３〜75年のあいだに生まれたその二世の世代。団塊世代の女性の平均初婚年齢はおよそ24歳、結婚後１年以内の第１子出産が多数を占めた。

雨宮　父が昭和21年、１９４６年生まれの70歳、母が昭和24年、１９４９年生まれの67歳です。

上野　わたしが１９４８年生まれですから、ほぼ同世代、団塊世代ですね。ごきょうだいは？

雨宮　２歳下と６歳下の弟がいて、わたしは長女で75年生まれです。

上野　わたしとあなたは、まさに団塊VS.団塊ジュニアということになる。そしてわたしは若い時に全共闘[*1]体験者で、あなたは右翼体験者。わたしはその後フェミニズムに行き、あなたは貧困問題にかかわるようになった。まずは、「余はいかにして右翼となりしか」という話をしてもらえますか。

雨宮　わたしが右翼に入ったのは97年で、２年間、右翼団体に所属していました。年齢でいうと、22歳から24歳までです。

上野　すでに20代だったということは、そう若い時というわけではないんですね。

雨宮　はい。わたしが中学、高校の頃はバブルの時代です。学校も親も、「頑張れば報われる」という戦後の神話を信じていて、それを押しつけてくる。そういうなかで団塊ジュニアは数も多いし、受験戦争もきつくて。その副産物として、ものすごく陰湿ないじめが学校中にはびこっていました。わたしもいじめにあいましたが、「いい高校、いい大学、いい会社というレール」から落ちたらもう生きていけないくらいの追い詰められ方だったので、中学時代は一日も休まず学校に行きました。そのおかげで、高校は進学校に行けたんです。

上野　データからいうと、96年に、女子の短大進学率と4年制大学進学率が逆転します。そういう時に、学歴というコースから絶対に外れてはならないという気持ちを、親と学校から植えつけられたんですね。そして93年頃から就職氷河期と言われるようになります。

雨宮　そうですね。わたしは90年に高校に入ったんですが、リストカットとか、家出、ヴィジュアル系バンドの追っかけとか——中学時代の抑圧が爆発、みたいなことになった。それで93年に高校を出て、美大の予備校に行くために、北海道から上京したんです。その後2浪して、進学を諦めて就職しようと思ったら、時代は就職氷河期になっていた。そこでとりあえず、94年にアルバイトを始めたのですが、そのとたん、肩書きが「フリーター」になった。19歳の時です。

すでにバブルが崩壊していたので、同世代のフリーターのなかには、親のリストラによって大学や専門学校をやめざるをえなくなった人もけっこういました。時給もどんどん下がるし、バイト先の人からは、「悪い時期にフリーターになったね」みたいに言われて。人件費削減という理由で、バイトもしょっちゅうクビになるんです。だからバイト先で友だちを作っても、すぐ関係性が切れるし、だんだん精神的につらくなっていく。親元を離れてひとり暮らしだったので、家賃を払うと生活はギリギリで、2ヵ月に一度は電気とガスを止められました。フリーターになって1年目くらいに、これはもう一生、ここから抜け出せないだろうなと思いました。脱出方法がまったくわからない。当時、フリーター仲間と、「うちらって、親が死んだらホームレスになるよね」と話していました。

上野　自活できないから実家で親に依存する子ども、いわゆるパラサイトが増えたのも、90年代半ばです。

雨宮　そうですね。この頃、日本のフリーターと外国人労働者が一緒に働く、ということが始まりました。バイト先で外国人労働者と取り替えたいと言われるようなこともありました。日本人のフリーターはあまり働かないわりに時給が高いけれど、外国人はもっと安く使える、みたいな理由で。

上野　あからさまに目の前でそう言われるんですか？

雨宮　冗談っぽい感じでしたが、言われましたね。「取り替えたいよ」って。あぁ、自分は日本の最底辺で、グローバルな最低賃金競争をしているんだな、外国人労働者と変わらないんだな、と感じていました。そこで彼らと自分を差別化しようとして「自分は日本人だ」と過剰に意識したことが、のちの右翼団体入会に繋がったのかもしれないと、今となっては思います。

上野　団塊ジュニアが大学を卒業する時期と就職氷河期とが重なりました。その影響をもろに受けて、フリーター人生が始まったわけですね。

「頑張れば報われる」という嘘

雨宮　周りを見回すと、大学を出てもぜんぜん就職ができない人がいる。１００社落ちたとか、そんな話を聞かされるので、高卒の人間には就職なんてどだい無理なんだと思っていました。当時、わたしの周りの親にも頼れないひとり暮らしの女子は、ほぼ全員が風俗に流れました。わたしもキャバクラで働きましたが、それができるのは、若さという商品価値があるうちだけだとわかっていた。会社にも所属できないし、地方からひとりで上京しているから地域社会もない。家族も近くにいないしバイトはしょっちゅうクビになるから友人もできない。中間団体[*2]がひとつもない。そうなると、もう国家しかないんです。そこしか包摂してくれる場所がなかった、ということものちに右翼に入る理由のひとつだったと思うんですが、右翼に行く前に、サブカルチャー[*3]（サブカル）に向かった。サブカル聖地のロフトプラスワンに顔を出すようになり、いろいろなトークイベントに通うようになったんです。[*4]

上野　そこは世代が違うから、いきなりサブカルに行くという感覚はわからない（笑）。

雨宮　90年代後半はある意味サブカル全盛期で、『別冊宝島』[*5]などで左翼や右翼の特集をやったりしていたし、そういう雑誌で全共闘のことも知りました。少し前の若者たちが闘う姿を見て、わたしも火炎瓶を投げたい、と思いました。盛り上がって、楽しそうだなって。

上野　楽しそうだと思ったの？

雨宮　すごくうらやましかったです。行き場のないパワーを発散する先があるなんて、と。どこかで、わたしがヴィジュアル系バンドにはまった気持ちと同じだな、と。

上野　そうですか、スカッとするという破壊衝動の面だけが見えて、政治的なメッセージはまったく届かなかったんだ……。

雨宮　わたしにとって右翼も左翼も、Ｘ ＪＡＰＡＮなんかの当時のヴィジュアル系バンドと同じでした。

上野　エンターテインメント、ということ？

雨宮　エンタメというより、破壊衝動というか――。

上野　熱狂と自己陶酔。オウム真理教に行った若者と、あまり変わらない気がしますね。

雨宮　わたしも95年の地下鉄サリン事件以降に、猛烈にオウムに入りたいと思いました。

上野　あの事件の後で関心を持ったんですか？

雨宮　はい。こういう言い方は良くないことはわかっていますが、あの事件は、自分の代わりにやってくれた、みたいな感覚でしたね。自分をまったく必要としてくれないこんな世界、滅びてしまえ、といつも思っていたので。実際、サリン事件後にはオウム信者たちに接触し、オウムの道場に行って修行に参加したこともあります。とにかく先が見えなくて生きづらくてその上貧乏でどう生きていけばいいか皆目わからないから、もう洗脳してもらうしかない、と思ったんです。素面《しらふ》で生きてられないと思って。

上野　そういう入り方もあるんだ。確かに宗教はドラッグの側面がありますからね。

雨宮　あの事件を受けて、大人がテレビで、戦後日本の拝金主義や物質主義や教育のあり方が間違っていたから若者たちが精神世界に取り込まれていったのでは、みたいなことを言っていた。今の価値観や教育が間違っているという批判は、ある意味、自分の状態を免責してくれるものでもあった。そうか、自分は間違った教育を受けて、間違った価値観のなかで生きてきたから、こんなにつらいんだ、と。

教育の場や親から言われ続けてきた「頑張れば報われる」という価値観は、自分が社会に出る頃にはバブル崩壊で嘘になっていたので、なんだ、大人が言うことは簡単に嘘になるんだと思ったんです。オウム真理教は、拝金主義や物質主義を否定している。だから事件を起こした弟子の人たちは、わたしが嫌いなこの世の中を命がけで否定してくれている少し年上の人たちという、ヘンな憧れの存在になりました。

上野　事件前には、けっこうオウムの人たちがトークイベントをやっていましたよね。

雨宮　ロフトプラスワンでもやっていて、事件後に元信者の人たちと仲良くなって、朝まで語り合ったこともあります。彼らとは、すごく話があったんです。それまでわたしの周りの友だちは、恋愛と買い物の話しかしない。表面的なことしか話しちゃいけない暗黙のルールがあって、わたしは彼氏がどうしたとかブランド物がどうしたとかいう以外の会話に飢えていました。火炎瓶を投げたくても、作り方も、そもそもどこに投げていいかもわからないとか、火炎瓶を投げるような気持ちでリストカットしているとか、誰にもできなかったそんな話を、オウムの人とは話せた。今の生きづらさや、この社会の話を、生まれて初めてできたんです。そしてものすごく意気投合した。

いっそオウムに洗脳されたかった

上野　自分が社会から拒まれていると感じる時に、「いっそ自分は反社会的な存在になってやる」と思うのは、わりとよくあることです。犯罪に走る人もいるし、いわゆる非行少年になる人もいる。女の子の場合、性的な逸脱に走る人もいます。そういうなかで雨宮さんは、身近なところにオウムがあった。95年の後に関心を持つというのは、オウムに反社会性のレッテルをべったり貼られた後だから、かえってお墨付きをもらったようなものだったわけですね。

雨宮　そうです。

上野　先ほどサブカルの文脈のなかで「全共闘」という言葉が出ましたが、雨宮さんにとっては、全共闘もオウムも同じようなサブカルの一種に思えたんでしょうか。

雨宮　どちらも「こんな社会はイヤだ」と、全身全霊で言っている。そこが似ていると思ったんです。

上野　確かにね。雨宮さんは、「こんな社会で素面で生きてくのはつらすぎるから、洗脳してもらいたい」と言いましたよね。当時、そこまで自覚的にクールに考えていたんですか？

雨宮　オウム事件の後に、洗脳に関する本がたくさん出ましたよね。どれだけ危険か、みたいな本が。でもわたしはそれを読んで、逆に洗脳されたいと感じた。今の世の中の主流である価値観に洗脳されているほうが、よっぽどきついと思ったんです。自分はこの先もずっとフリーターで、貧乏で先がないから、「金持ちのほうが上だぜ」「たくさん稼いでたくさん使うのがいいんだぜ」みたいな価値観で生きていくと、自殺するしかない。その上、その価値観は空疎すぎる。だから生き延びるために、違う価値観を注入してもらいたかった。

上野　確かに学校や社会の価値観も洗脳の一種です。洗脳から脱洗脳する一番簡単な方法は別の洗脳を受けることだから、最初からそこまで自覚的だったというのは、すごいですね。洗脳で一番手近で安直かつ女の子が手を出しやすいのが、セックスとドラッグです。なぜ、そちらには行かなかったんでしょう。

雨宮　95年に、宮台真司[*6]さんの『終わりなき日常を生きろ――オウム完全克服マニュアル』（ちくま文庫）が出ましたよね。でもこの本の内容が、かえってすごい抑圧で。当時、知り合いの女子高生が、「この本を読んで、援助交際をしたら楽になるかと思って始めたけど、全然楽にならない」と言っていて衝撃を受けたことがあります。わたしも読みましたが、「くだらないことにいちいち躓《つまず》かずに、援交女子高生みたいにまったり生きろ」と言われているみたいな気がしてなおさらつらくなった。

上野 あの本より少し前に、宮台さんは女子高生が使用済みの下着やスクール水着を売るブルセラ少女に注目し、『制服少女たちの選択』[*7]（94年、講談社／06年、朝日文庫）を書いて話題になりました。彼の調査データは実証性があって面白いのですが、援交少女はなにも特別な少女ではない。援交少女のグループが近くにいて、誘いがあるかどうかだけが、そのハードルを越すか越さないかの違いで、しかも、そのハードルはすごく低い。そのことに、世の大人たちは衝撃を受けました。でも雨宮さんは、そちらには行かなかった。

雨宮 そうですね。

上野 宮台さんは、「素面で生きろ」と言いたかったのだと思います。素面で生きるには、図太く、強くならないとダメだ、と。

雨宮 そうですよね。援交してでもいいから素面で、みたいな。でもそれはわたしにとっては一番突き放された言い方というか、一番言われてイヤなことでした。わたしには、恋愛やセックス、ドラッグなど自分の半径5メートルの手軽なことでごまかす器用さというか、スキルがない。だからいっそのこと宗教や右翼みたいな大きな物語じゃないと救ってくれないんじゃないか、と――。

上野　その頃までには、「大きな物語」はとっくに死んだと思われていましたから、レアな人のひとりでしょう。オウムも少数派でしたから。わたしは80年代から90年代初めまで短大の教師をやっていましたが、自分が教えているクラスのなかに援交をやっている子――当時は少女売春と言っていましたが――がいるということを前提に話をしなければダメだなと思っていました。わたしがそういうことに許容的な態度だったので、授業後に「先生、わたしやっています」と言いに来た子もいました。そういう時代でした。彼女たちも、自分の現状にムカついていたんでしょうね。オヤジたちをカモにすることを、面白がっていた。「先生、オヤジのセックスはしつこくていいよ」と言う美少女もいました。同世代の恋人はちゃんといるんですが。

雨宮　わたしが性的な逸脱に走らなかった理由のひとつは、わたしが一番生きづらさを感じていた20代前半は女子高生ブームだったから、すでにババァ扱いというか（笑）。20歳過ぎている女は価値がない、みたいな扱いでしたから。

上野　賞味期限が過ぎていた。

雨宮　そう。わたしが女子高生の頃は女子大生ブームでガキ扱いされて、その年代になったら、今度はババァ扱い。ある意味、乗り遅れた世代ですね、団塊ジュニアは。

上野　微妙な年齢差なんですね、面白い！　面白がってちゃいかんけど（笑）。あの頃は、女子高生で特定のパパがいる子たちは、卒業の時に次の子を紹介して足を洗っていったそうです。とんでもない時代でしたね。

左翼も右翼もサブカルの1ジャンル

雨宮　そうして95年の翌年、96年には小林よしのりさんの[*8]『脱正義論』（幻冬舎）が出て……。

上野　あぁ、やっぱり小林よしのりなんですね。あれは一種の洗脳本ですよね。

雨宮　あの本で、ある意味「目覚めて」しまった（笑）。それまでも『ゴーマニズム宣言』（『ゴー宣』）の熱心な読者でした。今思うと、当時のわたしは小林よしのりさんの本やオウム事件で社会に興味を持ったんです。バブルが崩壊して、世の中は学校や親から教わった「頑張れば報われる」などという状況ではちゃんちゃらないから、本気で社会と政治のことを考えよう、と。そんな時に手にとったのが、『ゴーマニズム宣言』だった。最初の頃は薬害エイズ問題なんかを扱っていたわけですが、その運動との訣別が『脱正義論』で描かれて、とにかく左翼＝欺瞞という印象が植え付けられました。

上野　小林よしのりの影響は、すごく大きかったですね。社会運動をしようとする学生を「純粋まっすぐ正義君」と名づけて揶揄したでしょう。たぶん、そのうち戦後思想史のなかで、小林よしのりの思想的影響について誰かがちゃんと論じなければならないかも。とうとう漫画が思想史に登場する時代がきてしまいましたね。

雨宮　本当にそうですよね。団塊ジュニアの多くが、『ゴー宣』で政治初体験をしているんですよ。社会に興味がなかった人も、オウム事件とか、阪神・淡路大震災や薬害エイズなど、不穏な時代だったから、あれを読んで「こういうことだったのか」と学んで、初めて社会に目を向けた。いい意味でも悪い意味でもものすごく影響力は大きいです。

見沢《みさわ》知廉《ちれん》＊9さんの本に出会ったのも、その頃でした。見沢さんは左翼から右翼に転向して、「スパイ粛正事件」を起こし、殺人罪で刑務所に12年服役し、獄中で書いた『天皇ごっこ』（95年、第三書館）が新日本文学賞の佳作に選ばれて、それがきっかけでデビューした作家です。出所してすぐに出した『囚人狂時代』（96年、ザマサダ／98年、新潮文庫）という本がすごく売れて、サブカル雑誌にもたくさん連載を持っていました。当時、生きづらさを抱えていてサブカルに興味がある人たちのバイブルみたいな雑誌だった『ＢＵＢＫＡ』や『ＢＵＲＳＴ』で、ある意味、若者をアジテーションしていた。おまえらが生きづらいのは資本主義の問題なのだ、手軽な娯楽でごまかさずに、国家に喧嘩売ってみろよ、とか。
それまで生きづらさを精神医学的に語る人はいても、いきなり革命とか社会とか、そういう視点で語る人を知ったのは初めてだったので、すっかりはまってしまい、ロフトプラスワンのイベントにも足を運んだんです。そこでいろいろと自分のことを話したら、「生きづらいやつは革命家になるしかない」といきなり言われて（笑）。それから全共闘関係の資料を貰ったり、極左グループの東アジア反日武装戦線[*10]が地下出版した、爆弾の作り方が載っている『腹腹時計』[*11]を見せてもらったり――。
上野　反社会性をどういうボキャブラリーで語るかという際に、宗教のボキャブラリーももちろんあるけれども、革命というボキャブラリーもあれば、右翼のボキャブラリーもある。雨宮さんの場合はまずは左翼に接触したわけですね。
雨宮　でも見沢さんはその時点で、すでに右翼だったので。あ、でも右翼なのに左翼関連のものばかり見せてくれました。
上野　右翼と左翼はボキャブラリーに共通性があります。両方とも、テロリストになる可能性があるしね。

雨宮　だから、なぜ「サブカル好き」なのに右翼とか左翼に行ったのかとけっこう聞かれるんですけど、わたしにとっては宗教も右翼も左翼も、サブカルの1ジャンルでしかなかったんです。

上野　ということは、選択できるメニューがたくさんあったわけですね。なぜそのなかで、右翼を選んだんでしょうか。

雨宮　「革命家になるしかない」と言った見沢さんには、まず左翼の集会に連れていってもらいました。そうしたら専門用語ばかりで、話が難しくって何を言ってるのかさっぱりわからない（笑）。頭いいんだなーみたいな。

上野　頭がいいわけじゃないんですよ。秘教的な左翼用語を使って韜晦《とうかい》するという一種の生活習慣です。おまえも勉強してこの言語圏に入ってこいという、それだけの話なのよ。

雨宮　そういう排他性も感じて、クローズドな印象を受けました。わたしは高卒だから、とてもついていけないと思って。次に右翼の集会に連れていってもらったら、むちゃくちゃ話がわかりやすかった（笑）。

上野　大衆性は右翼にある。その点、左翼は負けていますね。

雨宮 「おまえらが生きづらいのは、すべてアメリカと戦後民主主義のせいだ」とか言い切ってくれる。なんで戦後民主主義とアメリカなのか、そもそも戦後民主主義の意味すらわからなかったけれど、初めて「おまえは悪くない」と言ってくれた大人が右翼だったんです。左翼の人の言葉は意味不明だけど、右翼の人は、生きづらいのは当然だと言ってくれた。それまで、常に「自己責任」だと社会から言われ、自分が貧乏なのも生きづらいのもすべて自分のせいだと思っていたのが、初めて「あなたは悪くない」というやさしいメッセージをくれたんです、右翼が。おかげで、それまでしょっちゅうリストカットしていたのがぴったり収まった。わたしはそれを〝右翼療法〟と呼んでるんですけど（笑）。それで、97年に22歳で右翼団体に入りました。

禁欲的だった右翼集団

上野 雨宮さんの右翼体験についてもう少し伺いたいのですが、左翼はどちらかというと少数者の被差別体験のほうを強調するでしょう。一方、右翼は自分が差別者の側に立ちやすい。日本人は他民族より優秀なんだ、といった具合に。言いかえると、差別する快感を味わわせてくれる。被差別側に立つことと、差別者の側に立つことと、どちらが快感だったんだろう。

雨宮　う〜ん、わたしのいた団体は、「反米」というのがメインでした。アジア蔑視の右翼が出てくる以前です。最近のネトウヨ系[*12]の人は、反アジアじゃないですか。

上野　嫌韓・嫌中がまだ登場していなかった頃なんだ。

雨宮　そうですね。わたしのいた団体の主張は、戦後、アメリカに骨抜きにされて、文化も奪われて、資本主義に毒されて自分のことしか考えない日本人ってなんなんだ、というものでした。なので、アジアに買春に行く日本のオッサンを街宣で批判したり、援助交際が流行る社会、女子高生を金で買うオッサンなどを批判していた。だからわたしは、右翼というものは、アジア買春をする男性や、当時問題になっていた「ノーパンしゃぶしゃぶ」で接待を受けるような堕落した官僚や政治家に喝を入れる人たちだと認識していたんです。自分がいた団体がそうだったので。

上野　今の話を伺うと、あなたが所属していた団体は、どちらかというと性的にはピューリタンのようですね。わたしが若い頃、新左翼とフリーセックスはとても強く結びついていたけれど、まったく逆なんだ。

雨宮　ものすごくストイックで、飲み会もありませんでした。というか、ほぼ禁止でした。

上野　右翼団体のなかで、セクハラや性差別は経験しませんでした？

雨宮　それがまったくなかったんです。トップの人は当時40代で、ちょっと浮世離れしている人たちだった。禁欲的で、特攻隊の理想の部分だけをみんなで演じている、みたいな感じでした。でも、そこがよかったんです。その頃キャバクラで働いていましたが、客のオッサンがみんな普通に女子高生を買ったみたいな話をして、こっちにはセクハラしまくってくるわけですよ。日本の男はみんな頭がおかしいと思っていたけれど、その右翼団体に行くと、みんな居住まいを正している。逆に右翼団体のなかが一番「安全」だった。もし普通のオッサンみたいな面が見えたら、一瞬でやめたと思います。

上野　とはいえ右翼の人たちは、基本マッチョというか、男性優位でしょう。だから右翼にかかわっている愛国女性は内部で性差別にあっているだろうと思っていました。だから全共闘女子学生たちが同志の男性たちによる性差別にいたく失望してウーマン・リブ[*13]に行ったように、〝右翼リブ〟というのがあるのではないかと密かに期待していたんだけど、そういうことは起きないのね。

雨宮　性差別に関しては、団体によりけりでしょう。ほかの右翼団体の人たちには、女性蔑視的なところも見えましたし、セクハラまがいのことも見聞きしています。

上野　右翼団体でも女性は少数派でしょう?

雨宮　わたしのところは、わたしひとりでした。それまでバイト先をはじめとするどの共同体も自分を受け入れてくれなかったのに、その右翼団体だけは受け入れてくれた。とにかく居場所ができた感がすごくあった。それまで使い捨ての労働力でしかなかったのが、自分を「国士」と位置づけることで生きる意味ができたのが、一番うれしかったですね。

憲法の前文に〝うっかり〟感動

上野　2年で右翼団体から離れた理由は?

雨宮　最初は右翼と左翼の違いすらわかっていなくて、慰安婦問題にちゃんと取り組んでいるのは右翼のほうだと、ものすごい勘違いをしていたんです。

上野　新しい歴史教科書をつくる会[*14]ができたのが、あなたが右翼に入る直前の96年ですね。

雨宮　そうですね。右翼をやめたきっかけは、ある時、右翼内のディベートで日本国憲法を取り上げたことがあって。それまで憲法なんて読んだことなくて、団体の人に言われるままに、これはアメリカからの押しつけ憲法で、日本の堕落の象徴だと思って街宣でもそんなことを言ってたんです。ところが初めて憲法の前文を読んだら、うっかり感動してしまって（笑）。なんでこれがダメなんだろう、と疑問を感じたんです。ちょうど右翼団体の合宿中でしたが、他の人も感動していました（笑）。

上野　何歳くらいの人たちですか？

雨宮　これも象徴的で、同世代の中卒、高卒フリーターばかりでした。オウムを脱退した元信者もいました。右翼と言われて連想するヤンキー系は皆無で、全員がむちゃくちゃ真面目で、かつ日本の底辺に生きている。そういう人たちが初めて政治に触れる喜びというか、今の日本はイヤだとか、そういうことを語る喜びにみんな満ちていた。わたしと同じように、バブル崩壊後の焼け野原のなかで、ちゃんと政治や社会のことを考えたいと思っている若者たちが辿り着いたのが、その団体だったんです。

上野　そういうまじめな政治的関心を持つ若者たちの受け皿を、団塊の世代や、あの時代以降運動を続けていた人たちが作れなかったというのは、痛恨の極みです。もし受け皿があったとしても、オジサンたちの集会をちょっと覗いて嫌気がさして去っていったという状況を生み出したのでしょう。

雨宮　怖いもの見たさで、ロフトプラスワンに元赤軍派の人の話を聞きに行って、一時期いろいろ一緒に活動していたこともあります。でも、労働者第一の国が理想だ、みたいなことを言うけれど、こっちのフリーター事情はまったく考慮してくれず、飲み代も1円単位まで割り勘（笑）。資本主義云々と声高に話すけれど、目の前の貧乏人の現状をちっとも理解していない。

上野　頭のなかが60年代でフリーズドライしているだけでなく、高学歴だから上から目線なんですね。

雨宮　自分たちは偉いことをやっているから、おまえたちはバイトを休んで会議に来て当然だ、みたいに言われましたね。「たかがバイトだろ」って。そういう意味では右翼の人たちのほうが、繊細で丁寧でした。

上野　今のお話を伺っていると、雨宮さんはサブカルの選択肢のうち、どこに行っても不思議はなかった、という感じですね。

雨宮　そうですね。はまることができて、思考を停止させてくれるところを、いろいろ探していたんです。それでオウムや左翼、右翼など、ひと通り自分の目で見に行って、右翼に落ち着いた。右翼にいる間は、時事ネタとかをタダで教育してもらえる。そのうち、右翼の主張と左翼の主張の違いがだんだんわかるにつれ、自分は右翼ではないと気がついたわけです。

憲法の前文にうっかり感動したのも大きかったですが、アジアに対する蔑視も見え隠れしていたので。疑問を感じるようになり、抜けようと思いました。

上野 抜けるのは大変でしたか？

雨宮 いえ、電話一本でした。

上野 なんと紳士的な団体なんだろう。

雨宮 左翼はやめる時、いろいろ大変そうじゃないですか（笑）。わたしにとっては左翼より右翼のほうが安全、という感じでした。20年前の話なので読者の方は参考にしないでください（笑）。

第2章

政治なんてまっぴら？
自己責任社会がやってきた

余はいかにして左翼となりしか

上野　雨宮さんに「余はいかにして右翼となりしか」を聞いたので、わたしも少々、「余はいかにして左翼となりしか」を話しますね。わたしは地方都市で、性差別意識の強いワンマンな父親のもとで育ちました。母親は父親に絶対服従しながら、男というのは適当におだてておけばいいのだと、陰でバカにしていたりする普通の日本の主婦。母親と父親の関係を見ていて、オトナになったら母のような人生が待っているのか、こんな男女の関係はやってられない、女は割に合わないと思っていたから。とにかく家を飛び出したいというそれだけの理由で、1967年に家を出て京都の大学に入りました。当時の「娘」というのは、家を出ようと思ったら、結婚か進学しかなかった。だからわたしたちの世代には、結婚をスプリングボードにした女がいっぱいいます。

雨宮　結婚が家を出る手段だったんですね。でもそれって、すごいギャンブルですよね。

上野　当たり外れが大きいからね。しかも外れても、食べていけないから離婚できない。そういう時代だった。それで大学に入り、最初のボーイフレンドが民青[*1]に属していた。単にわたしをオルグ（組織する organize の略語）したかったのかもしれませんけどね。でも共産党傘下の民青には、権威主義的な空気を感じ、直観的に違和感があって。わたしはノンポリ[*2]でしたが、たまたま一〇・八の羽田闘争[*3]で文学部同期の山崎博昭君が死亡して、その追悼デモがデモの初体験でした。60年安保闘争の樺美智子さんのことは知っていたから、山崎くんとはクラスが違って面識はなかったけれど、同じ年齢の若者が死を賭して運動をしたことにいても立ってもいられない気持ちになったのだと思います。そのデモに出かけたら、新左翼集団がいた。田舎の保守的な価値観にがんじがらめになったところから、とにかく自由がほしいと思って飛び出した娘でしたから。直観的に、こちらのほうが合っていると思い、のめりこんでいったわけです。わたしは20歳の成人式をバリケード封鎖した大学のキャンパスで過ごしましたが、バリ封をすると興奮と緊張から、ものすごい高揚感がある。男子学生たちと雑魚寝をしたりね。

雨宮　それ、いいなぁ。

上野　でも高揚感というのは、日常化していくと、あっという間に終わってしまいます。そうするとバリケード自体が、日常的に維持しなくてはいけないものになっていく。そこで何が起きるかというと、見事な性別役割分担。女の役割は、慰安婦と賄《まかな》い婦です。

雨宮　とんでもないですね！

東大闘争はかつては獲得目標があった

上野　団塊世代の「男類」は、完全に価値観が旧世代ですからね。松井久子[*4]監督が撮ったドキュメンタリー映画『何を怖れる――フェミニズムを生きた女たち』、ご覧になりました？

雨宮　見ました。

上野　あのなかで米津知子[*5]さんが語っていたけれど、新左翼の男たちは女を見事に使い分けしました。同志の女は、恋人にしない。柱の陰で待っているような女を、恋人や妻に選ぶ。

雨宮　きれいな恰好をしている、かわいい子を。

上野　同志の女も後方支援が役目。「救対の天使」とかいって、救援対策をさせられる。拘置所に引っ張られた同志のところに差し入れを持っていく、とかね。男と一緒に前線に立とうとしたら、「ゲバルト・ローザ」と揶揄された。

雨宮　なんですか、それ。

上野　ゲバルトとは、ドイツ語で暴力の意味。ローザは、ドイツで活動していたマルクス主義者の革命家ローザ・ルクセンブルグのローザ。当時東大闘争のなかで、男性同志なみに暴力闘争に参加しようとした女性を「ゲバルト・ローザ」と呼んだわけ。「ゲバルト・ローザ」という言い方は、揶揄以外のなにものでもない。つまり、男並みのことをしようと思ったら、女はとことん男にバカにされる。結局、女は二流の戦力としか扱われないんです。しかも、運動自体がゲバ棒にヘルメットと、急速に暴力化していきました。

68～69年の東大闘争は、東大医学部学生や研修医の不当処分撤回闘争という、獲得目標のある闘争でした。それがどんどん抽象度を上げて、「自己否定」や「自己解体」へと向かっていきました。しかも「大学解体」まで掲げるようになると、自分たちの身分まで否定しなければならなくなって、闘争の落としどころがなくなっていく。運動の目標が遠隔目標になり、いったい何がほしいのか、当事者にもわからなくなる。後に引けなくなるのに、落としどころがなくなるという方向に運動そのものが巻き込まれていき、暴力化が加速しました。暴力というのは、一種の戦争状態で、戦争状態というのは、男女差をすごく際立たせる。ある時から男の同志が「女はオルグしない」と言うのよ。「オルグ」って、意味わかる？

雨宮　はい。

上野　こういう言葉が通じるレアな人なのね、あなたは。若い世代には通じないけれど、「オーガナイズ」の意味。なぜオルグしないかというと、兵士として戦力にならないから。そういう屈辱の構造のなかで、男が女を使い分ける様を目の前で見るわけじゃない。まさに、憤懣《ふんまん》やるかたないわけね。そして高揚期が終わり、長い長い退潮期を迎える。そのなかで一番悲惨なことが、内ゲバ。そういう時に、人間のイヤなところをとことん見てしまう。そのなかでメンタルをやられて自殺する人が出たり、内ゲバで後遺症を残すような怪我をする人も出てくる。もう、思い出すのもつらいぐらい、死屍累々《ししるいるい》で。団塊の世代には、ものすごく敗北感がある。だからその後のポスト団塊世代、たとえば中森明夫さんや泉麻人さんたちがサブカルに向かったのは無理もない。運動の一番イヤなところだけ見て、とことん敗北も見たわけだから。

あの運動からなにかを学んだのは、実は大学のほうで、大学はそれ以降、管理がすごくうまくなった。校舎のロックアウトもやるし、あらゆるノウハウを身につけましたからね。そしてとどめが、72年に起きた連合赤軍[*6]によるあさま山荘事件でした。あの成り行きはテレビで中継されたけれど、日本のテレビ史上最高の視聴率、89・7％を記録したと言われています。

雨宮　すごいですね。

上野　わたしにしてみれば、気持ちはとっくに離れていたけれど、自分ももしかしたら同じところにいたかもしれないと思う人たちがやっていることだから。やっぱりテレビから離れられなかった。後に凄惨なリンチも明るみに出たでしょう。その時、本当に地獄の底に落ちるような恐怖心を味わった。自分が殺す側にいたかもしれないし、殺される側にいたかもしれない。もしかしたら紙一重の差だったかも、って。

それを後ろから見ていた次の世代は、われわれ団塊世代をとことんバカだと思ったはず。そう思われても、仕方がない。その後、無気力、無感動、無関心の「三無主義」が出てきたのも、無理もないと思う。そういう意味でも、世代の責任をすごく感じます。

「政治は禁止」の団塊ジュニア

雨宮　団塊の世代のオジサンたちは、わたしたちによく「もっと社会に対して怒れ！」と言いますよね。でもわたしたちは「若者が政治を考えることは禁止」という空気のなかで育ってきた。社会や政治について考えようとしたら、「とにかく、そんなことは考えるな」と、すごく言われたんです。

上野　誰から言われるの？

雨宮　学校と親です。そんなことを考えたら、ろくな大人にならない。若いやつが社会のことなんかを考えると危ない、とかものすごい拒絶を感じました。わたしが『ゴーマニズム宣言』を読んでいることを親が知った時も、そういうことを言われました。あと、キャバクラで働く前にスナックで働いていたんですけど、そこでもお客さんのオッサンたちから、若い人間が政治に興味を持つとろくなことにならない、いずれ殺し合いをするんだよ、山に連れていかれて埋められるんだよ、みたいなことを言われました。まるでナマハゲの言い伝えみたいですよね（笑）。こんな悪さをしたらナマハゲが来るぞ、みたいな感じで。

上野　禁止ということで言えば、わたしたちの時代も、学生運動なんて危ないことをやるんじゃないと、親も社会も禁止していましたよ。でも禁止に反抗するのが若者だから。禁止よりもっと怖いのは、内面化されたシニシズムというか、「こいつらアホや」という気持ちが下の世代に濃厚に伝わったことですね。そのシニシズムを一番強く表現したのが、小林よしのりだった。先ほども触れましたが、「純粋まっすぐ正義君」という揶揄は、そういうことでしょう。

雨宮　政治的なことを考えるのはくだらない、声を大にして主張するのは恥ずかしいという空気は、ずっとありました。それはもう、小学生の頃から正論を言うのはくだらない、ダサいという。

上野　そういう気分や空気があったことは理解できます。でもそれを「禁止」という言葉で表現するのはどうしてだろう。

雨宮　政治的なことを口に出してみた時に、「そんなこと考えるな」みたいな感じで、ピシャッと言われたことがあったからです。

上野　それは親に？

雨宮　親戚のオッサンとかも含めてです。その言い方が、本当に拒絶反応という感じで、理由はわからないけど触れちゃいけないことなんだ、と思った。それで、「考えてはいけないんだ」「口に出してはいけないんだ」というふうになった。今思えば、社会との回路を理由もわからず断たれたわけです。それに加えて、「社会のせいにするな」とも刷り込まれている。とにかく「政治のことなんて考えるな」と言われたことで、貧乏なのも、生きづらいのも、社会の責任ではなく自己責任だと考える思考回路が刷り込まれてしまった。頑張れば報われるいい社会なのに、落ちこぼれてしまったのは、自分がダメだからだ。自分の責任なんだ、と。なぜなら日本は身分制度もないし、とても自由で、努力すれば報われるいい社会なんだから、と考えていました。20代半ばくらいになって、もしかしたらここまで大人たちがムキになって政治を「禁止」したのは、連合赤軍事件とかが関係しているのかもしれないと思うようになりました。「政治のことを考えるな」という大人たちの口調から、トラウマめいたものも感じていたからです。

上野　わたしたち世代が若い頃は、社会が悪い、アメリカが悪い、オヤジが悪いと言うことができた。石を投げる相手が目の前にいたわけです。それが雨宮さんたち世代は、自分に向かうしかなくなっていった。今思えば、その一番の理由は、やはりネオリベラリズム[*7]（新自由主義ことネオリベ）の影響だと思います。

ネオリベ社会をひとことで言うと、「頑張れば報われる」競争社会。これを反対側から言いかえると、報われなかったのはおまえが頑張らなかったからだ、となる。つまり、「自己決定・自己責任」の原則です。「自己決定・自己責任」が大好きなのが、小泉純一郎ですね。雨宮さんは、新刊の『自己責任社会の歩き方』（17年、七つ森書館）でネオリベ社会を「自己責任社会」と名付けた。すごくうまいネーミングだと思いました。

雨宮　ありがとうございます。

「迷惑をかけてはいけない」という呪縛に殺される

上野　80年代までは、人と人とのつながりがあった。これは後で詳しく話すけど、転勤族の妻たちも、草の根で必死でネットワークを作っていきました。そして共同保育や、地域活動とかを通じて、かつては親族縁者がやっていたような助け合いを作りだした。団塊世代の女は、戦後のコーホート（同年齢集団）のなかで専業主婦率がもっとも高いのだけれど、80年代には「活動専業・主婦」と呼ばれる女性たちが層として登場して、その人たちを対象に調査した『女縁が世の中を変える』（88年、日本経済新聞社／増補新版『「女縁」を生きた女たち』08年、岩波現代文庫）という本を書いたくらいです。変化を感じ始めたのは、90年代半ば頃から。わたしはしょっちゅう引っ越しするんだけど、たいてい友だちが手伝いに来てくれる。ところがある時、「人に手伝ってもらわなくても、引っ越し会社に頼んだら、元と同じように配置してくれるサービスがありますよ。人に頼んだら後が面倒じゃないですか」と言われた。わたしはけっこう、その面倒くさい人間関係が好きで、引っ越しが終わってから「おーい、行こうぜ」ってみんなでうなぎ屋にでも行ってビールを飲むのが楽しい。

雨宮　へえー。

上野　わたしは、困った時はお互いさま、という人間関係を作ってきたけれど、お金ですむことはお金ですませたらどうですかという人が、90年代から増えてきたような気がします。人に借りを作るのがイヤだという。

雨宮　その気持ち、すごくわかります。わたしも、引っ越しはひとりで業者に頼んでやります。気が弱いところがあるので、申し訳なくて、わたしごときの引っ越しを手伝ってなんてお願いできない。それに自分が手伝ってもらったら、今度、人の時も手伝わなくてはいけないのかと思うと——。

上野　それはイヤなの？

雨宮　嫌ではないけれど、そもそも手伝ってもらう勇気がない。

上野　そんなに勇気が必要なこと？　勇気ってなんだろう。

雨宮　ちょっとした迷惑をかける勇気がない。貧困問題で散々「誰かに助けてというのが大事だ」とか書いているわりには、自分自身のこととなると、気が引けてしまいます。

上野　でもそれじゃあ、支え合えない。支え合うというのは、迷惑をかけ合うことだから。

雨宮　そうなんです。人から頼られるのはけっこう嬉しいのに、わたし自身は、人に甘えたり頼ったりするのがすごく下手で。

上野　それも、「ネオリベ世代」のメンタリティそのものね。

雨宮　とにかく「人に迷惑をかけるな」と呪いのように言われて育った世代ですから。

上野　あなたたちの世代は、迷惑をかけない大人になれと言われてきた。でもわたしはその言葉を聞くたびに、ゾッとします。何で親は、そんなことを子どもたちに吹きこむんだろうって。子どもにアドバイスするなら、人に上手に迷惑をかけなさいと言うほうがずっとまし。だって生きていくということは、迷惑のかけ合いっこだから。迷惑をかけ合わないというのは、かかわりを持たないというのと同じこと。かかわりを持てば、多少なりとも迷惑がかかる。あなたに迷惑をかけられてうれしいという人を、５本の指で折れるくらい作っておけよ、と思う。

雨宮　90年代後半に、自分の周りでもかなりの人が自殺したんですが、みんな言っていたのは、「自分が生きているのは迷惑だから」。子どもの頃からずっと「人に迷惑をかけてはいけない」と言われ続けてきたので、遺書にも「生きていると迷惑をかけるので死にます」といった内容が多かった。だから「迷惑をかけてはいけない」という言葉が人を殺していると思いますね。死ぬくらいだったら、人に迷惑をかけてもいいという考えが前提にないと。

上野　その呪いをかけたのは親でしょう。

雨宮　親と学校です。

上野　自立の概念が、完全にはき違えられている。人に迷惑をかけないイコール自立だと――。

雨宮　なんでも自分でできて破綻を見せないことこそが、自立した大人のたしなみであるから、そうなれ、と。

競争社会がいじめを生む

上野　不登校が増えているけれど、雨宮さんたちは不登校第一世代？

雨宮　当時は「登校拒否」と言われていましたが、わたしの中学校では学年に1人か2人程度で、そう多くなかったですね。わたしも中学の時は、いじめられながらも学校に行っていたし。高校は休みがちだったけれど、それは不登校というよりヴィジュアル系バンドの追っかけをして家出していたからでした。

わたしは75年生まれで、穂積隆信さんの『積木くずし』[*8]（82年、桐原書店／05年、アートン）が出版されたのが82年。わたしが中学に入った頃は、荒れる非行少年少女の余波はちょっと上の世代には残っていました。それを受けて生徒への管理がガチガチになって、先生が生徒に体罰しまくっていたのがちょうどわたしの中学時代。高校に入った年には、神戸の校門圧死事件*9がありました。ですから校内暴力の後、めちゃめちゃ管理教育が厳しくなった時代に、中学、高校に行っていた感じですね。

上野　じゃあ、ちょっと年上の人たちが経験した荒れる学校というのを、垣間見ているわけね。

雨宮　はい。

上野　そういえばわたしの友人で定時制高校の教師になった人がいるけれど、卒業式前の生徒たちの恒例行事が、体育館のガラス窓をバットで割り歩くことだったって。

雨宮　今思えば、まだ健全な気がしますよね。

上野　確かにそうね。その教師の彼は全共闘の経験者だったから、生徒の気持ちがよくわかる。「で、どうしたの？」って聞くと、叱れずに「カラダに気をつけろよ」って（笑）。攻撃性の対象を自分の外に見つけることをアクティング・アウトっていうけど、今は自分の身体に向かうアクティング・イン。外に向かうほうが、自分を傷つけるより健全です。子どもが自分を傷つけるほど、痛ましいことはないから。ということは、雨宮さんの時代は、子どもたちは孤立していったんだ。

雨宮　そうですね。みんなで連帯して体育祭を頑張ろう、みたいな物語がある一方で、教室全員が敵でライバルだから、成績ではひとりでも多くの人間を蹴落とせというダブルスタンダードを押しつけられた。わたしの住んでいた地域では、田舎なのですべり止めの高校がなく、1校しか受けられない。だから高校受験に落ちたら浪人するしかない。つまり、完全にレールから外れてしまう。「受験に落ちたら死ぬ」、みたいな感じでしたね。そのなかで競争を煽られながらも、仲良くしろ、友情が大事だと言われる。矛盾していますよね。あまりにも競争を煽られると、劣っている奴は排除していいというメッセージとして受け取ってしまう。教師の言っていることを突き詰めると、ダメなやつはいじめていいんだ、ということになる。努力していないんだから、と。その結果、なんの悪気もなく、いじめが次々と連鎖していきました。

上野　雨宮さんの頃は、壮絶ないじめがあっても、それが即不登校にはつながらない時代だったんですね。

雨宮　そうですね。わたしも、一度学校を休んでしまうと二度と行けなくなってしまう気がしてどんなにつらくても休めませんでした。選択肢として「学校に行かない」ということがなかった。周りのいじめられっ子を見ても、あまり休んでいませんでした。そういうなかで、ある日突然ターゲットが替わっていじめが終わったりする。

上野　ターゲットが移っていくということは、それだけ同調圧力が強いということにもなりますね。

雨宮　そうだと思います。

上野　わたしはかつて、京都で中学生対象の塾講師をやっていた時期があって。あなたたちより少し上の世代の子どもたちかな。当時はわたしもミニスカートだったので、男の子たちはわたしのスカートのなかを覗いたり、勉強しないでそんなバカバカしい悪さをしている。「あんたたち、金払って塾来てるんやろ。ちょっとは勉強しぃや。元取って帰りや」と言ったら、「先生、オレら学校でも家でも、息抜くとこあらへんのや。ここだけやで、息抜くの」と答えた。卒然と目が覚めて、あぁ、ここはこの子たちの「赤ちょうちん」や、と思った。自分は赤ちょうちんの女将《おかみ》だとアタマを切り替えたら、すごくやりやすくなりました。

その子たちにとっては、学校も家も、上司つきの職場なんですね。

雨宮　しかも24時間監視つきの。

増える自傷系若者たち

上野　わたしが若い人たちの異変に気づいたのは、２０００年代に入ってから。目の前に来る東大女子に、リストカットなどの自傷系や、摂食障害で食べ吐きする子がすごく増えた。そして男の子には、対人恐怖と引きこもり。子どもたちの世界にいったい何事が起きているのかと、本当にゾッとしました。わたしの研究室は「保健室」と呼ばれていたから、そういう子たちが夜中まで研究室にいるわたしのところにふらっとやって来る。で、「先生、これだけ飲んでいます」と、精神科で処方された薬を見せてくれる。「薬の影響で集中力がなくて、レポート書けません」とか。「薬をやめたら」とアドバイスすると、やめるのが怖いという。

彼らを見ていて、今、もしかしたらとてつもないことが子どもの世界で起きているのではないかと、心底背筋が凍る思いをしました。それで気づいたのが、ネオリベ社会の「自己決定・自己責任」が子どもたちを追いつめている、という事実です。子どもたちは、気持ちの持っていき場がないから、自分を傷つけるしかない。それを考えると、自分たちが若い頃はオヤジに石を投げていられたなんて、なんと牧歌的だったんだろうと思いました。敵が見えていた時代だから。

雨宮　東大に入るような人は、恵まれた環境で育ち、いわば勝ち組家族でしょう。でも、親の期待に応えるいい子ほど自傷に走りますね。

上野　子どもは社会のなかで弱い立場なので、「炭鉱のカナリア」のような存在でもあります。東大に来るのは偏差値の高い子で、受験戦争の勝ち組です。でも競争社会というのは、敗者に不満をもたらすと同時に、勝者には不安をもたらす。勝者は、決して安心なんかしていられない。今回一番を取ったからといって、次回も取れるかどうかわからないし。ものすごく不安で脆弱な自己を抱えている子どもたちは、あなたが言ったような社会との回路を断たれているから、ちょっとの挫折で自分を責めるしかなくなる。

雨宮　すべて自分のせいだ、と思ってしまうんですよね。わたしの周りでも2000年くらいから、リストカットをする自傷系の人たちがどんどん増えていった。その頃、インターネットが出てきたので、リストカットした傷跡を競い合ってネットにアップして、ある日、睡眠薬の飲み過ぎで誰かが突然死ぬ、みたいなことが繰り返されました。

壊れるのは自分を守るための手段

上野　自傷系の子どもたちが増えた時、学生の変貌を如実に感じたのは、すごく打たれ弱くなった。わたしは以前、獅子の子育てではないけれど、学生をあえて崖から落として自力で這い上がってこい、みたいなやり方をする教師だった。

雨宮　今それをやったら、死者が出ますよね（笑）。

上野　その通り。この子たちは叩き落としたら壊れるんだ、ということを学びました。年齢のせいもあるかもしれないけれど、人間は壊れものだから、壊れものとして扱わなくてはいけないなと考えるようになりました。

雨宮　結局、壊れることでしか自分を守れないんですよ。自己防衛として。

上野　本当ね。

雨宮　病むことでしか、世間も許してくれなくなった。なぜなら、壊れないでいると、「なにを甘えているんだ」と言われるから。病名がついたり、「この人やばいな」と思わせないと、世の中がどこまでも求めてくる。長時間労働など非人間的な働き方や、ハラスメントで。

上野　壊れることでしか、自分を守れない。恐ろしい時代ですね。

雨宮　壊れるというのは、避難でもあるんです。病名があると堂々と休めるし、堂々と大学や労働市場から撤退できる。つまり、生き延びるために壊れている。それを「甘えている」と言われるのは、本当にきついです。

上野　じゃあ、自傷とほとんど同じね。

雨宮　まったく同じです。自分を守る、最後の手段だと思います。

上野　解離性障害とかも、そうなのか——。

雨宮　まさにそうだと思います。

上野　それでみんな、診断名を欲しがるんですね。

雨宮　そうです、そうです。だから逆に、病名と自分のアイデンティティが一緒になっている人もいる。

上野　診断名がついてホッとしたという人は、たくさんいますね。

心の問題にすり替えられた社会問題

雨宮　2000年頃から、ネットで出会った自傷をしている人たちのオフ会なんかに参加していました。みんな、どう自分が生きづらいかを話すんですが、結局、親の悪口になるんですよ。いかにひどい「毒親」か、とか。オフ会に来る時点で実家で引きこもり状態の人が多いんですが、でも後から考えると、彼ら彼女らの生きづらさの背景には、確実に雇用破壊があった。参加者にはフリーターも多かったし、元正社員は非人間的なノルマと長時間労働でうつになった人だったり。労働市場で心身ともに破壊されて引きこもって、お金もないから実家に戻ると親は「働け」と責めてくるから毎日壮絶な親子喧嘩をして。でも当初は何が起きているのかがわからなくて、すべて心の問題だとみんな信じ込んでいた。当時、アダルトチルドレン[*10]という言葉が流行ったんですが、いろんな問題が「親子問題」だけにされていた気がします。もちろん、純粋に親子問題で苦しむ人もいましたが、今思うと、90年代からの雇用破壊や競争の熾烈化と無関係だったという人は少数という気がします。

上野　生きづらさは、雇用破壊など社会の問題ではなく、個人のメンタルの問題だと思われていたわけね。親の世代はもっとかんたんに就職できたから、その時の「常識」が凍結したまま変わっていない。時代が変わったことが理解できないいんですね。

雨宮　そうです。フリーター問題を研究している人なんかも、やれモラトリアム型[*11]だとか、自分探し型、夢追い型という感じで、労働問題ではなく心の問題として、心理分析の対象にしていた。人件費削減のために使い捨てにできる非正規雇用がどんどん増やされていたにもかかわらず、本人も、自分がフリーターであることを心の問題だと思っていたわけです。わたしもまさにそうでした。

上野　結局、ネオリベが20年、30年というかなり長い時間をかけて子どもの世界に入り込んで、そのなかで育ったのが雨宮さんたち。その人たちが大人になって、『自己責任社会の歩き方』なんて本を書かなくてはいけなくなった。でも、「頑張れば報われる」なんて、どの面下げて団塊の世代が言えるのか、と思う。団塊世代は、頑張らなくても報われた世代なんです。自分の能力が高いからでも、人一倍努力したからでもなく、世代丸ごと親の世代より高学歴になれたし、生活水準も上昇した。経済が成長していく時代にたまたま生まれ合わせただけのことだから。

雨宮　そういう言葉に、すごく救われます。みんなに聞かせてあげたら死ななくてすんだのに、みたいな。そのくらいの言葉です。

上野　誰もそれを言ってこなかったということに関しては、団塊の世代の親の罪は本当に大きいと思います。

管理が強化される教育現場

雨宮　わたしたちの世代は、自分たちがつらいのは、社会や政治の問題も絡んでいるということに気づかなかった。労働環境のひどさに関しても、なぜ怒らないのかと言われても、最初からひどい環境しか知らない。それに、団塊世代の人たちは労働運動をすることを前提に話しますよね。でも普通に日本の小学校、中学校、高校に行ったら、労働運動などをできるようなメンタリティはすべて奪いつくされる。我慢して歯を食いしばって耐えるんだとか、企業にとって即戦力になるような利益を生み出す人間になれとか、雇ってもらえるだけ有り難いと思えとか、そんなことしか言われていないので。

上野　そもそも教師がとことん管理されていますから。教師も、今や怒る術も怒る場も奪われている。東京都教育委員会の通達によると、職員会議は議論の場ではない、と。

雨宮　じゃあ、なんなんですか？

上野　校長の指示伝達の場なんですって。そこで手を上げたら、不規則発言だ、となります。教師に自由が許されていない場で、子どもが自由にふるまえるわけがないじゃないですか。わたしの世代で教師になりたいと思った人たちはたくさんいたけれど、この人には先生になってもらいたいという人たちは、ほとんど面接で落ちました。結局、教育系学部に従順に入り、ちゃんと社会規範を守るタイプの人が、教育委員会の面接を通って教師になっていった。わたしは結婚も出産もしなかったけれど、もし自分に子どもがいて、子どもを今どきの小学校や中学校に通わせていたら、怒り狂って学校と対立するだろうなと思っていました。子どもを学校の言いなりにさせている親は、愛情が足りないんじゃないかと。親は、こんなところに毎日自分の子どもを送りたいんだろうか。

最近はその傾向が、さらに強くなってきているようです。日教組[*12]を潰して、教育研修会に出るような先生たちをどんどん排除し、自由な教育をする先生が本当にいなくなってしまった。しかも子どもたちもマインドコントロールされているから、授業の内容や教師の発言を子どもが親や校長に通報するんですって。以前は、教室に入れば教師と子どもたちだけの世界だと思えたけれど、「先生が『慰安婦』の話をしました」とか、子どもが親や他の教師に通報する。すごいね、この全体主義と内面支配。学校自体がどんどん、風通しの悪いところになっています。財界は「グローバル市場で通用する人間を育てろ」と、「右向け右」と言ったら右を向くような子どもを育てたらダメだとか言っているのに、現場では命令に従順な子どもばかり育てようとする。見事に国策通りの教育をやって、そのなかで子どもたちが壊れていった。本当に、何をやっているんだろうと思います。

雨宮　恐ろしいですね。

希望すら妬ましい

上野　今でも忘れられないのが、わたしが中西正司《なかにししょうじ》さんと一緒に書いた『当事者主権』(03年、岩波新書)という本を東大で授業に使った際、本の感想を書かせたら、その本に反発する学生が半分くらいいたこと。中西さんは大学生の時に事故で腰椎を損傷して全身にマヒがある車椅子生活者で、日本で初めて自立生活センターを立ち上げた障害者運動のリーダーです。ふつう授業担当の教師が自著を指定文献にしたら、「感動した」とかポジティブな反応をするもんじゃないですか。それが肯定的な感想と否定的な感想がほぼ半々。否定的な感想は、自分だけ被害者面をするな、つらいのはおまえたちだけではない、と。東大生たちも、自分たちはつらいと思っている。勝ち組だと思われる人たちも、つらいわけ。

雨宮　それはいつ頃ですか？

上野　刊行直後ですから03、04年だったと思います。その気分を説明するキーワードのひとつが、ウィークネス・フォビア、つまり弱さ嫌悪。最近、男性学という分野が出てきましたが、『大日本帝国の「少年」と「男性性」――少年少女雑誌に見る「ウィークネス・フォビア」』（10年、明石書店）という本を書いた内田雅克さんが面白いことを言っています。男らしさのなかには、ウィークネス・フォビア、つまり弱さ嫌悪がある、と。右翼も、これがすごく強い。男にとって一番言われたくない言葉は「卑怯者」でしょう。

雨宮　そうですよね。「弱虫」とか、「卑怯者」「男らしくない」といった言葉は、マッチョな男ほどすごくいやがりますね。

上野　右翼の女性たちには、男性に近いウィークネス・フォビアがあるような気がします。右翼の女性は、フェミニストは被害者面をするから嫌いだ、と言っています。

雨宮　北原みのりさんの本にも書いてありました。ＤＶを受けている女性にＤＶ相談なんかのチラシを持っていったら、「あんたみたいな女は大嫌い」と言われたって。

上野　被害者面をするのが許せない。その憎しみの最たるターゲットが、「慰安婦」の被害者たちです。96年に「新しい歴史教科書をつくる会」ができましたが、その頃から、被害者が被害者の正義を主張することが許せない、という気分が広がったように思います。マイノリティが主張する被害者の正義、「慰安婦」だけでなく、障害者、性的少数者、被差別部落など、すべてそうです。

70年代以降の社会運動は、革命という遠隔目標がなくなった後、少数者の権利擁護や反差別などの方向へと向かっていきました。それに対して違和感を抱いている人たちが登場してきて、そのなかでウィークネス・フォビアが生まれた気もします。「慰安婦」バッシングの背景には、そういう気分があるのでしょう。

雨宮　生活保護バッシングにも、同じようなものを感じますね。俺たちも、わたしたちもつらいんだから、おまえらは権利なんて絶対に主張するな、と。なんか、悲鳴のようにすら感じられる。何かに「守られている」ように見える存在が許せない、というような。

上野　つまり弱者が、さらに自分より弱いものを叩く。丸山眞男の「抑圧委譲の原理」です。

雨宮　居直っている、というふうに感じるのでしょう。沖縄で基地反対運動をやっている人たちに対しても、めざわりだ、みたいな。自分はこの社会に対して完全に諦めているのに、まだ絶望せずに声を上げている人たちが許せない。そういうメンタリティですよね。とくに労働環境をはじめとする現在の不条理は、90年代より更に深まっています。そのなかで自分はすべて飲みこんで、ひどい労働環境でも何も文句を言わず働いているのに、まだおまえら、変えられるなんて希望を持って声をあげているのか、と。

上野　希望すら妬ましい。

雨宮　そういうことだと思います。

上野　弱者のウィークネス・フォビアの典型が、相模原の障害者大量殺傷事件[*13]でしょう。

雨宮　加害者自身が、一種の弱者ですよね。けれど、障害者に対して、こんな人たちは生きている価値がないと考える。最悪の状況です。

第3章
正社員も非正規層も追いつめられる時代

男女雇用機会均等法元年に男女入り交じって行われた入社式
（1986年４月） © 読売新聞社

始まりは85年の男女雇用機会均等法

上野　残念ながら渦中にいる時は、時代がどちらに向かっているのかわからなかったけれど、今から思えば男女雇用機会均等法が制定された85年に、ネオリベ原理が女の世界に食い込んできた。なぜかというと、それまで女はどれだけ頑張っても報われなかったからです。

雨宮　なるほど。等しく、報われなかった。

上野　そうです。ネットが人事募集の主流になる前は、大学の学生部に看板があってそこに募集のチラシがバーッと貼られていましたが、男子、男子、男子、男子……そこに女子若干名と、ほとんど募集は男子のみ。それが公然とまかり通り、女子は面接すら受けさせてもらえなかった。大学まで行けても、そこでピシャッとドアが閉ざされる。女子は大学まで行ったが最後、結婚も嫁《い》き遅れ、就職もできないという状況でした。わたしたちより一世代上のイラストレーターの山口はるみさんに聞いたら、百貨店に就職したいといったらウチは大卒女性は採用したことがないから、と嘱託採用だったそうです。四大卒の女性の使い方がわからなかったんですね。そういうなかで85年に男女雇用機会均等法という、男並みに頑張れば男並みに処遇してやろう、という法律が成立した。でも敵もさるもので、使用者側は巧妙だったから、あっという間にコース別人事管理制度を導入して総合職と一般職という区分けを作り、さらに同年に労働者派遣法を作りました。それから後はご存じの通り、規制緩和に次ぐ規制緩和で雇用崩壊が起きました。バブルのはじける91年までは、景気がよかったのよ。人手不足だったから大卒女子の就職も好調だった。

雨宮　そうですね。

上野　それをみんな、均等法の効果だと勘違いしたわけ。

雨宮　そうだったんですか。

上野　２０１５年に均等法30周年を期して、わたしも関係する日本学術会議が均等法の歴史的評価を問うシンポジウムを開催しました。結局85年は「女性の分断元年」「貧困元年」だった、という評価が下されました。この年から正規と非正規の「女女格差」が拡大し始めたからです。それに女性の就職率がよかったのは、法律の効果ではなく、景気の効果だったことがばれてしまった。不況になってから女性の雇用を守るのが法律なのに、その効果がなかったからです。バブルが崩壊して就職氷河期を迎え、就職内定率がどんどん下がるなか、ジエンダー差がどんどん拡大していきました。

雨宮　景気が悪くなると、やっぱり女性が切り捨てられるんですね。

オヤジ同盟の政策的合意

上野　わたしは、あなたたちロスジェネの貧困問題は、はっきり言って人災だと考えています。雨宮さんがフリーターになったのは、何年でしたっけ。

雨宮　94年です。

上野　その翌年の95年に、日経連（当時、今の経団連）が「新時代の日本的経営」を打ちだし、政財官一体となって雇用柔軟化に舵を切った。非正規雇用に若者と女性を突っ込もうと、つまり、使い捨て労働力を増やしていい、と。わたしは、これは完全に「オヤジ同盟」の政策的合意だと思っています。使用者側の老獪《ろうかい》さに、この20年、やられっぱなしだったという気がします。

雨宮　本当にそうですね。

上野　そこに、共犯者がいます。それが連合に代表される、労働組合界の団塊世代オヤジたちです。日本型雇用という自分たちの既得権さえ維持できるなら、後からくる若者と女性は割を食ってもいい、と。

雨宮　でもそんなことをしたら、子ども世代の雇用が不安定になり、その結果、自分たちの老後も危うくなるじゃないですか。

上野　そこが問題なの。その時、労働組合のオッサンたちは見通しを誤った。95年といえば、バブルが崩壊してから4年目。今は冷え込んでいるけれど、あと何年かしたら景気は回復し、自分たちの息子や娘もいずれ正規雇用に吸収されると思ったんでしょう。

雨宮　わたしも、いつか景気がよくなったら正社員になれるだろうという思いは、どこかで漠然とありました。

上野　その予測が完全にはずれた。まさか自分たちのジュニア世代がそのまま非正規雇用が固定してロスジェネになるとは思わなかった。今や非正規率は全労働者の4割を占めています。なかでも団塊ジュニアは率が高い。その結果、割を食った子どもたちが団塊世代の老後の不良債権と化し、今や親子貧困が現実問題になってきました。

雨宮　わたしも、気が付いたら40代です。わたしたち世代は、貧困な若者がそのまま持ちあがって、ついに〝貧困中年〟に突入しました。

20年間、捨て置かれた世代

上野　振り返ってみると、80年代というのは、新しい働き方がもてはやされた時期でしたね。フリーターもそうだし、女の人たちのパートタイムとかサムタイムとかが登場したし、ワーカーズ・コレクティブ[*1]みたいな、雇われない働き方も選択肢としてあった。派遣や年俸制のほうが正規より給料がよかったりもしたし、そういうフレキシブルな働き方に希望がある時代で、自ら選択する若者や女性もいました。それがいつの間にか、最悪な働き方に変わった。ところが希望のあった時代の余韻が90年代半ばぐらいまで続いていて、フリーターとか雇われない働き方も、本人の自己決定だと思われていました。

雨宮　親からも、あえてフリーターをしていると思われていました。

上野　当初は本人もあまり危機感を持たなかったし、親も許容度が高かった。とくに女性に関していうと、晩婚化も進み、娘が家にいることに対する親の許容度もけっこう高くなりました。

雨宮　確かに女性の場合は親も本人も、最初はそれほど危機感がなかったと思います。

上野　ところがそのままの状態で雨宮さんたちも40代になったと聞いて、ショックでした。

雨宮　わたしが貧困問題に関する運動を始めたのは、06年、31歳の時です。当時は「若者の問題」として取り上げられましたが、10年経って中年となった今も、状況は変わっていません。

上野　むしろ、より悪化していますよね。この世代に限らず、平均世帯年収は10年前より確実に落ちているし、非正規雇用率も高くなっている。

雨宮　10年前に日雇い派遣だった人が、今も日雇い派遣をやっている。当時30代だとしても、今やもう40代です。30代の頃は一日ふたつの仕事をかけもちして、深夜も働いて、なんとか月30万円くらい稼ぐこともできた。でも年齢が高くなると、それも無理です。しかも肉体労働だと、腰痛などにもなりやすい。あっという間に身体にガタがくるけれど、毎日現場が違うから、どこも責任をとってくれないし保証も何もない。それでもまだ働ければラッキーですが、うつ病になって生活保護を受けている人も多いですし、自殺した人も多いですね。

上野　つまり、より事態は深刻化している。

雨宮　よくこの20年を「失われた20年」と言いますが、わたしは20歳から40歳までがその20年ときっちり重なっています。普通20歳から40歳までの20年間というのは、就職したり、結婚、出産、子育てをする時期ですよね。ところがこの世代の少なくない人は就職氷河期で最初から非正規雇用。そこから脱出できずにずっと貧困で、その20年がまるごと奪われたため、結婚もできないし、当然、少子化も進む。年収150万円くらいの状態で、結婚しないまま、出産適齢期を過ぎつつあるというのが今の状況です。最近では、同世代の人たちが自分たちのことを「絶滅危惧種」と呼び始めました。子孫を遺せないという意味で。

上野　日本の少子化対策は、最大で最後のチャンスだった団塊ジュニアの出産ブームを逃してしまいました。この世代で晩婚化、非婚化が進んだからです。その人生の選択は「自己決定・自己責任」というネオリベのボキャブラリーで片づけられ、救済されないまま、20年たってしまった。政府の外郭団体である家計経済研究所の調査によれば、雇用保証のある正規職があれば女性は結婚もし、出産もしてくれることがわかっているのに、政策はそれとは正反対の方向に向かいました。

雨宮　結局、方向修正されないまま、ここまで来てしまったわけですからね。壮大な社会実験の実験台にされたような気分だ、という話をよくします。

男の問題になってやっと注目された

上野　この20年の間に、怒濤《どとう》のように非正規雇用が増えていきました。いつの間にかそれが男の問題になってから、それで初めて社会問題化しました。女は昔から貧困と格差に直面していたのに、男の問題になって初めて注目されたことに、正直ムカつきました。女性の場合だと、ロスジェネ以前の世代である50代、60代の人たちも派遣労働者が多い。16年の派遣法改悪で３年で派遣労働者の首をすげかえれば、ずっと派遣のままのポストを維持してよいことになり、派遣労働者の側にしてみれば、３年ごとに派遣先の任期が切られる結果、年齢がいけばいくほど、次の職が見つかりにくくなっています。

雨宮　確かに年齢は大きいですよね。20代と40代の派遣社員、会社はどちらをとるかというと、同スキルであれば20代をとる。女性の派遣は35歳定年説みたいなことが、リアルに言われていますから。

上野　夫がいる人はそれでもなんとかやっていけるでしょうけど、晩婚化、非婚化のほかにもうひとつ変化が起きたのは、離婚率が高くなっていったこと。つまり、これまでは非正規は既婚女性の家計補助労働だと考えられてきたのが、派遣の女性のなかにもシングルやシングル・アゲインなど自分で家計を支えなくてはならない人が増えた。でも、こういう人たちは、まったく顧みられなかったんです。

雨宮　そうですね。結局、女性の貧困の問題が成人の健康な男子にも波及したから、やっと社会問題化した。20代のうちは、男性もまだ若者ということで放っておかれたわけです。でも30歳過ぎても派遣で転々としている男性が大勢いるということに、ようやく2006年頃、世間が気づいた。わたしの周りでも、追い詰められて30の壁を超えるか超えないかで自殺した男性がかなりいました。

上野　女性学の研究者は、みんな怒りましたよ。女は昔から貧乏だった。20年前から言っているのに、今さらなんだ、と。貧困が女の問題だった間は誰も問題にしなかったのは、女はいずれ結婚するだろうということで免責されていた。でも結局、経済的圧力で結婚へと強制されていただけです。

雨宮　そうですね。

上野　その後、貧困が男の問題になった時、政治は何をしてくれたのか。結局、見捨てたのだと思います。事後的に政治の動きを見てたら、それしか考えられない。なぜかというと、今、景気が少しよくなっていますが、それは、新卒採用市場にしか影響がない。基本、新卒一括採用、終身雇用、年功序列という日本型雇用を変えてこなかったから。不況が深刻になって就職氷河期だった95年前後に正社員になれなかった人は、その状態が固定したままで20年たってしまった。その間にも２００８年のリーマン・ショックの後は、派遣切りがどんどん進んだ。結局、その人たちは切り捨てられるんだな、と。しかも労働者派遣事業法に関していうと、改悪の一途。今や全労働者の約４割が、非正規雇用、男性の３割近くが非正規で女性の約６割が非正規、非正規労働者全体の７割が女性です。その背後にあるのは、人件費を節約したいという経営者側の利害。政治も、経営者側の利害で動いてきたと思わざるをえない。

雨宮　まさにそれが、われわれ団塊ジュニアの問題です。

上野　しかもメディア的にも、忘れられた世代でしょう。ニートやフリーターの定義も35歳まで。35歳までは「若者」扱いだけれど、それを過ぎたらただの失業者です。メディアは「若者問題」には敏感だけれど、中年やオバサンには関心がない。

雨宮　はい。40代になって非正規や貧困だと、「今まで何やってきたんだ、甘えるな」と、自己責任という圧力がより強くなる。履歴書にも、職歴として非正規が増えれば増えるほど、就職が難しい現実もある。

上野　景気がよくなっても悪くなっても、社会は貧困中年には関心がない。

雨宮「景気が回復して、新卒の採用が増えた。以上」みたいな感じです。団塊ジュニアの非正規の人はほとんど正規にはなれていないし、そのまま捨て置かれてしまったわけです。

あらかじめ見捨てられた子どもたち

上野　ネオリベといいながら、80年代後半くらいから、世襲がものすごく増えた。政治家の世襲も増えたし、いろいろな職業の世襲率が高くなった。努力すれば報われるというけれど、格差が固定化しているから、スタートラインからしてまったく違う格差の世代的再生産の傾向が強くなりました。

雨宮　生活保護世帯で育った子どもが大きくなってからの貧困率もとても高いと感じます。現場で20代、30代の貧困の当事者と会うと、一度も家族揃ってご飯を食べたことがないとか、そういうのが当たり前。家では常にアルコール依存症のお父さんが暴れていたとか、多重債務のお母さんのところに取り立て屋が来て隠れていた、とか。子ども部屋もないし、勉強できるような環境ではない。そういう人に、団塊世代が「社会に対してもっと怒れ」とか言うのは酷です。むしろ、無責任な暴力にさえ思える。怒れと言ったら、自分に怒るしかなくなる。すごく危険なことです。

上野　わたしの教育者としての経験は、専門学校から偏差値四流校、東大までけっこう幅があります。東大生にはいつも、「あんたたちは努力してここに入ってきたと思っているだろうけど、努力すれば報われると思わせてくれたのは環境のおかげだよ」と言ってきました。

雨宮　そもそも努力なんてできない環境がありますからね。

上野　偏差値四流校だと、学生のキーワードは「しょせん」と「どうせ」。親からずっと言われてきたのは、「あんたなんかしょせん……」という言葉なのね。

雨宮　「しょせん」という言葉は、非正規層やホームレス状態の人からよく聞きます。「しょせん将来は路上ですから」とか、「しょせん野垂れ死にですから」とか。

上野　家庭内でも、「おまえなんか何をやったって」と、鼻でせせら笑われてきた。女子短大で教えていた頃は、「しょせん」と「どうせ」の後に「女だから」という言葉が続く。おまえが頑張ったって「しょせん女だから」ムダ、だと言われてきているのね。人間には誰だって、成長したいとか、何かを成し遂げたいという達成欲求があるはずです。でもそういう言葉には、達成欲求の冷却効果がある。

雨宮　本当ですね。

上野　差別が一番つらいのは、他人から差別されることより、自分自身をないがしろにすることだと思う。自己評価が低くて、自尊感情が持てません。「しょせん」や「どうせ」がしみついている子たちに前向きな気持ちを持たせるには、まずはマイナスを埋めなくてはいけない。これがわたしの最初の教育目標でした。自己差別というか、自分をないがしろにすることを、セルフ・ネグレクトと言います。そういう状態に放置して手を差し伸べず、生きる力を奪い続けておきながら、社会は「頑張れ」という。やってられない、と思われても仕方がありません。

雇ってもらえるだけでありがたい

雨宮　団塊ジュニア以降の世代は、労働者としての権利意識も、ほとんどない人が多数です。どんなにひどい目に遭っても、雇ってもらえるだけありがたいと、怒る前に感謝している人が多いのが現実です。逆説的な意味で、まさに教育の成果でしょうね。

上野　竹信三恵子さんの『正社員消滅』（17年、朝日新書）によると、仕事があるだけで感謝し、何を言われても逆らわない。しかも、責任感はある。「おまえが抜けるとシフトがどうなるんだ」と言われると、責任を感じてしまう。なんと従順な子どもたちを育てていたんだろう、と思う。

雨宮　企業にとっては、最も都合のいい人間ですよね。

上野　まず情報がないから、人と自分を比べようがない。

雨宮　わたしには弟が2人いますが、上の弟が大学を出る時はやはり就職氷河期だったので、学校卒業後に正社員になれなかった。結局、フリーター生活の後、某家電量販店に就職したんです。最初は契約社員で、1年後に正社員になったのですが、その時に誓約書を書かされた。その内容がすごくて、「残業代は出ない」「ボーナスは出ない」「労働組合には入れない」。それにサインしないと、正社員になれない。

上野　それは完全に、不当労働行為じゃない。

雨宮　そうなんです。だけど、そんな就職難の時代に正社員になれるなんて夢のような話ですから、家族で「今どき正社員になれてよかったね」と言っていたのが、ちょうど2000年くらい。そうしたら毎日17時間労働で、休憩は昼の30分だけ。朝は目覚まし5個で無理やり起きて出勤し、昼まで働いて、30分の休憩でその日一食目の食事をして、そのまま深夜2時くらいまでずっと立ちっぱなしです。帰ったら倒れるように寝てしまうので一日一食でそれだけ働いている。これはおかしいだろと思って周りの人に相談したら、「今どき正社員だったらそれくらい当たり前だよ」と言われました。本当にみるみる痩せて、追い詰められて、過労死寸前みたいだった。結局、会社をやめました。

上野　正社員ですら、使い捨て労働力でしかない。そういう時代がずっと続いてきました。

雨宮「こんな時代に正社員にしてもらった」と感謝する気持ちがあるから、死ぬか壊れるまで働き続けるしかないんです。過労死寸前の正社員か、将来はホームレスになるのが前提の非正規か、というような最悪の二択。どっちも選びたくありません。

上野　竹信さんの新刊が『これを知らずに働けますか』(17年、ちくまプリマー叢書)。教えている学生があまりに職場について無知なんで、危機感を覚えて書いたんだと。そのなかには「労組って悪い人たちなんですよね?」というとんでも質問もあったりして。わたしも大学が就活生に面接の訓練やメイクアップの講習をやるくらいなら、労働法を必修にして、自分の身を守る知識をつけてから職場に送り出せと思っています。

最低賃金が1500円あれば

上野　長期的に見れば、そんなことをやっていたら労働者のモラルがどんどん下がり、企業がじり貧になっていくに決まっているのに、結局目先だけしか考えていない。人員整理をして見かけの上でつじつま合わせをして業績を上げるだけ。企業は海外移転などをして生き延びるかもしれないけれど、日本の社会にますます将来がなくなりますね。

雨宮　先日、エキタス[*2]（AEQUITAS　ラテン語で正義・公正の意味）という団体が最低賃金1500円を求めるデモを行いました。彼らはネットで「もし最低賃金が1500円になったら」というアンケートをとったんですが、その回答が切実でした。病院に行ける。薬を処方通り飲める。ダブルワークをしなくてすむ。大学の勉強に集中できる。もやしと鶏肉以外のものが食べられる……。

上野　リアルですね。

雨宮　常にもやし料理か鶏肉料理。しかも安い胸肉。病院に行きたいとか、薬をちゃんと飲みたいとか、命にかかわる、しかもあまりにもささやかな望みが続いたので、せつなくなりました。たまには飲みに行きたいとか、本やCDを買いたいといった望みもあった。人間関係とか文化的なものもすごく奪われているんだなと感じました。

上野　時給1500円だと、年間2000時間労働で年収300万円が可能になる。300万円同士がカップルになれば600万。

雨宮　すごいですね！　世帯年収600万円なんて、富豪ですよ（笑）。

上野　そうなれば、カップルを形成して子どもを産んでくれるかしらね。

雨宮　今は非正規だと年収が100万円台ですから、そもそも心の余裕がなくて、恋愛もできないという声も聞きます。デートする金もない。でも300万あれば、なんとかなる気がする。でも、結婚して子どもが大学に行きたいとなるとどうだろう。最近、小熊英二さんが書いた文章を読んで衝撃を受けました。世帯年収が600万円でも、都市部で子ども2人を大学に行かせると、教育費を除いた収入は生活保護基準を下回ってしまうんだとか。なんだか絶望的な気持ちになりました。

「老後」まで生きていけない

上野　本当に予測不可能なことが次々と起きる時代になりましたが、ひとつひとつのプロセスを見てみると、人間がやってきたことだから、結局は人間の選択の結果なのよ。だから天も地も呪うことができない、自分たちの責任というしかないんだけどね。バブルがはじけてからの20年のことを考えると、まさに暗澹《あんたん》たる気分になります。それでもまだバブルが崩壊した直後の90年代初めぐらいまでは、未来は今よりよくなると多くの人は信じていたのよね。

雨宮　「一億総中流」[*3]という言葉が、まだ現実味のあった時代ですからね。

上野　ところが20年の間に事態は悪化する一方だし、政治がこれだけ右傾化するのも止められなかった。なんでこうなってしまったのか、という思いがあります。「こうなってしまった」と自然災害のように言うことはできない、「こうしてしまった」責任が有権者であるわたしたちにはあります。そうこうしているうちに、あなたたち団塊ジュニアは中年と呼ばれる年代に突入した。この先、団塊ジュニアの老後がどうなるのか、ものすごく心配です。

雨宮　貧困層は、「老後」と呼ばれる齢まで生きていられない気がします。まず、健康保険証を持っていない人が多いので、病院に行けない。コンビニ弁当やファストフード、カップラーメンなど高カロリー低栄養のものしか食べていないから、健康状態もよくない。実際、30代、40代の貧困層で、インフルエンザや風邪など、ちょっとしたことで命を落とすケースが起きています。そのうえ、自殺率も高い……。

上野　この先、日本人の平均寿命は下がるかもしれませんね。

雨宮　その可能性はあると思います。国民年金も、掛け金が払えないので入っていない人が多いし、正社員など特権階級に属している人しか、老後を迎えられないかもしれない。

上野　確かに、健康と収入の疫学的関係を調べると、見事に相関しています。寿命と経済階層も、相関関係にあります。

雨宮　わたしは10年くらい貧困問題にかかわっていますが、みんな言うのは、「どうせ自分の将来はホームレスですから」。将来像が、ホームレス、自殺、刑務所くらいしかない。そのなかで一番マシなのが刑務所だ、と。今、刑務所は高齢者が増えて、福祉施設化していいます。先日も女子会で老後の話になり、いかに人を傷つけずに、長期間、刑務所に入れるか、という話題になりました。交番で拳銃を奪って、空に向かって撃つのがいいかな、とか（笑）。

シングルマザーに老後展望はない

上野　先ほど、女はずっと貧乏だったと話しましたが、それに関して最近おもしろい学位論文の審査にかかわりました。テーマは、シングルマザーの老後展望。インタビュー調査から得られた結果は、「シングルマザーに老後展望はない」。答えはたったひとつ、倒れるまで働き続けること。なぜなら、年金フローもストックもないから。

どちらもないのは、「労働が禁止されたからだ」とその論文の著者は書いてた。素晴らしい視点だと思いました。夫が個人的に禁止したわけではなくても、社会がよってたかって、子育てする女に労働を禁止したようなものだからです。いったん結婚退職した後、離婚したからといって正社員として再就職するのはほぼ不可能です。だから、非正規労働者として倒れるまで働くしかない。その受け皿になっているのが、介護市場だ、と。実際、70代でヘルパーの仕事を続けている人もいますから。わたしたちの時代は、職場はゼロに等しかった。だから結婚しか選択肢がなかった。その後、女性の就労機会は増えたと思っていましたが、それは決して思っていたようなものではなかったわけ。

雨宮　結局、多くが非正規ですからね。非正規で働く人の7割が女性です。

上野　今、女が働かないことのほうが、むしろレアになってきた。世の中変わったなと思ったのは、待機児童問題がこれだけ出てきて、ゼロ歳になるかならないかの子どもを預けて働くなんて母性の欠如だ、という非難がゼロになったこと。

雨宮　そうですね。

上野　なんてご都合主義なんだろう。女が働かなきゃいけなくなったら、そんなこと言ってられなくなった。昔は、何て言ってたと思う？　働きに出るのは母性の喪失とまで言われた。それもたいがい、オバサンが若い女に言っていた。子どものために生きるのが母親の役割、子どもは必ず大人になりますから、今は辛抱しなさい、と。ベビーカーで外出するのさえ、ワガママと言われましたから。

雨宮　えぇっ！　すごすぎます！

上野　ほんの30年程前のことよ。それを考えると、世の中大きく変わった。でもワーキングマザーの働く先は、ほとんど非正規ですからね。

雨宮　たとえ正社員だとしても、企業の上のほうの男性はまだ、子育ては女がするものだという団塊世代の男性的な価値観なので。それが女性のみならず、男性の生きづらさ、働きづらさにもつながっている。長時間労働が常態化し、男性が育児をしようにもできない。早くこの価値観がなくなることを望んでいるのですが。

上野　団塊の世代は定年を迎え、すでに企業の管理職から退いています。ただ、次の世代にこの価値観が伝承されている。

雨宮　それはなぜですか？

上野　大槻奈巳さんという社会学者が、システムエンジニアなど能力主義で採用された新卒男女労働者の10年後を調べて、『職務格差』（15年、勁草書房）という本を出しました。調査で何がわかったかというと、同じ条件で採用されたのに、採用後10年の間に、女は保守点検や管理業務など、バックヤード業務を割り当てられている。男は新規プロジェクトや顧客対応を割り当てられる。10年経つと、同じスタートラインで採用した男女労働者の間に、能力とポスト、ひいては給与の差がついてしまう。人事を担当する中間管理職、40代くらいですが、その世代が「女向き」「男向き」の業務に男女SEを誘導するんです。「女性の活用」の壁は、中間管理職のオヤジがガンだと多くの人が言っています。

雨宮　じゃあ、古い体質が引き継がれていくだけなんですね。

崖っぷちの子育て

上野　今、世代論を語るのがすごく難しくなっているのは、あなたの世代も、会社化された人と、そこから排除された人がいるから。

雨宮　そうなんですよ。正社員と非正規の人では、価値観から何から、あまりにも違いがあります。わたしには、居酒屋だと高いので路上で飲む、という貧困系の同世代友人が大勢いますが、同じ世代で赤坂の高いお店で飲んでいる人たちも知っている。属している世界が違うと、言葉すら通じない感じです。

上野　すると、あたかも人種が違うような人たちがいて、ある人種の間では世代間伝承が行われ、昭和妻的価値観もたぶん伝承されている。どの人種に属するかも、「自己決定・自己責任」で片づけられてしまう。もうひとつ、大槻さんの本に恐ろしいことが書かれていました。団塊ジュニアの子育て観。今、小中学生を育てている30代、40代の親に、子どもに将来どんな大人になってほしいか、選択肢で選ばせた。すると、「社会貢献する」とか、「幸せに生きてほしい」とか、いくつかの項目があるなかで男親、女親を問わず、娘に対しても息子に対しても一番多かった回答は、「競争に勝ち抜くこと」。本当にゾッとしました。

雨宮　地獄ですね。でも団塊ジュニアは、勝ち抜かないと生きていけないと、リアルに感じている世代ですから。もう、崖っぷちみたいな精神状態で子育てをしているんでしょうね。

上野　崖っぷちで育ってきた世代が、親になって次の世代の子育てをしているんですね。

雨宮　非正規だと、子育て以前になかなか結婚もできない。運よく正社員になった人だって、クビ切りとか同世代ホームレスを見ているから、負けたらこんなに惨めになると日々見せられている。だから、競争に勝ち抜ける人間になることを子どもに期待するんでしょうね。でも、そのために家庭内でどんなことを子どもに言っているのかと考えると、怖くなります。

上野　本当に子どもがかわいそう。

雨宮　子どもたちは、人の出し抜き方とか、蹴落とし方を教えられるんでしょうか。

上野　いわゆる勝ち組カップルの場合、母親の育児態度が父親化している。子どもを投資財と考え、叱咤激励するわけです。

雨宮　子どもはつらいですね。

上野　母親と父親、両方からその圧力を掛けられたら、子どもにとっては受難です。今、子育てをしている団塊ジュニアに、わたしたち世代はいったい何を語れるのか。本当にふがいない思いです。けれど、人生１００年時代だから、競争にかかわっているのは人生の半分しかない。勝ち抜いたって、後半生の幸せは保証できませんよ、ということぐらいしか言えません。

第4章
第三次ベビーブームはなぜ起きなかったのか

第二次ベビーブームの時代
© 読売新聞社

結婚する団塊世代、結婚しない団塊ジュニア

上野　日本人が一番よく結婚したのは、60年代半ばです。累積婚姻率といって、一生の間に一度でも結婚したことのある人の割合がもっとも高かったのがその時代で、男が97％、女が98％。

雨宮　すごいですね。まるで独裁政権の投票率みたいだ（笑）。

上野　つがわなければ人間にあらず、みたいな時代だった。その頃をピークに、どんどん婚姻率が下がっていきました。２０１５年の厚生労働省白書によると、50歳を基準とした生涯未婚率は、男性が24・６％、女性は19・４％です。今の非婚化の大きな原因にはジェンダー差がはっきりあって、男の場合は経済力と婚姻率がきれいに相関している。だから結婚できるだけの経済的条件を持った男は結婚をし、持っていない男は結婚をしない。ところが女の場合、そういうわけでもない。

雨宮　経済的にそう問題がなくても、非婚を選択している場合があるとは思います。でもや

はり一番の原因は、経済的な問題ではないでしょうか。自分の経験や、周りを見渡しても、貧乏な女の周りには、自分より輪をかけて貧乏な男しかいないという身も蓋もない現実がある。だから一緒にいたら、共倒れ率が高くなる。一方、若い女性の間では専業主婦願望が強い、みたいな話もありますよね。正社員で働いても長時間労働でつらいだけだし、非正規で働いてもカツカツだし、だったら経済力のある男性に養ってもらいたい、と。

上野　わたしはそういう女子を、「妄想系」と呼んでいます。だって、そんな男と結婚できる確率は相当低いじゃないですか。最近のデータを見ると、ヨーロッパですでに起きているのは、稼得力の高いエリート男ほど、妻にも同じような稼得力の高さを求める傾向にある。

雨宮　じゃあ、整形して顔面偏差値上げて稼ぎのいい男をゲットする、なんてことは難しくなってきたんですね。女子も一発逆転ができにくい世の中になってきた。

敗戦直後、日本人は産みまくった

上野　わたしがいつも不思議に思うのは、日本人が一番貧乏だったのは、敗戦直後。その時代、男と女はみんなつがった。こんな言い方をすると、じいさん、ばあさん世代の繰り言みたいだけど、それこそみかん箱をひっくり返してちゃぶ台にして、茶碗ふたつ、箸二膳でスタート、みたいな生活が普通だった。あの時代、貧乏であることは、結婚を妨げる理由にはならなかったのよ。

雨宮　今から人生を設計して、よくしていこう、みたいな希望があったんでしょうか。

上野　よくもへったくれもない。だって敗戦後の焼け跡だから。なんの見通しもなくて、瓦礫のなかでどうやって生きようかと茫然自失し、食べ物にも困ってひもじい思いをしていたから。人生設計どころじゃないでしょう。そのなかでも、みんなつがって子どもを産んだ。その結果生まれたのが、わたしたち団塊の世代です。

雨宮　なんのリスクも考えなかったのかと、啞然とします。焼け野原で子どもを産もう、なんてすごい勇気！

上野　戦争中、日本政府は「産めよ、殖やせよ」と煽ったけれど、人口統計を見ると出生率はなだらかに下がっている。つまり「産めよ、殖やせよ」というキャンペーンは、政策的には成功しなかった。ところが敗戦直後に、外地から600万人以上の日本人が帰ってきました。戦争経験者に聞くと、飢餓体験は、戦争中より敗戦後のほうが厳しかったそうです。生産力が落ちているところに突然600万人も人口が増えるから、一番苦しい思いをしている時期なのに、その時期にみんなこぞってセックスをした。

雨宮　すごいですね！

上野　それで政府は、人口抑制に転じたわけ。だから中絶を解禁した。ところがその政策に国民はちっとも従わず、どんどんつがって、どんどん産んでいった。だから、貧乏や破壊が結婚しない理由や子どもを産まない理由にはならないと、歴史的に証明されている。そこで、素朴な質問をしますね。あなたたちの世代で、貧しい男女がつがって支え合って生きようというオプションは存在しないの？

雨宮　わたしが見聞きしているのは、そうやって結婚した若いカップルが、子どもを虐待したりＤＶなどで逮捕されたりしている例です。もちろん、極端な例ですが、子どもの虐待の背景に貧困はやっぱり多い。

上野　上間陽子さんの『裸足で逃げる――沖縄の夜の街の少女たち』（17年、太田出版）などは、まさにそういう世界を取り上げている。失業して行き場のない男が、女をキャバクラで働かせ、殴る蹴る、みたいな――。

雨宮　自分がフリーターの時、同じ立場の男とつきあったりもしたけれど、もしこれで子どもができて産んじゃったら、間違いなく生活苦ゆえにひどい虐待をするなと確信していました。

上野　わたしはまだ生まれていないから、敗戦直後のことを知らないわよ。でも聞くところによると、復員してきた男たちは暴力的な人も多かったし、ＤＶは横行するわ、犯罪も山のようにあった。わたしの世代の子どもたちで親に殴られ続けて育ったとか、貧困や経済的な苦労はざらです。それでもつがって、産んだわけでしょう。

雨宮　たぶん当時と今とで違うのは、今の貧困カップルはワンルームのアパートで暮らして、誰も助けてくれない。でも敗戦直後だと、なんらかの人間関係やコミュニティがあったんじゃないでしょうか。

上野　そうとは思えないけどね。たくさんの人が死に、親族関係も崩壊しているし。

雨宮　当時は子どもの人権なんて概念がなかった、というのもあるんでしょうか。

上野　とにかく、つがって産みまくった、その産物がわたしたちです。この話をなぜしたかというと、あなたたち団塊ジュニアは、第二次ベビーブームの産物でしょう。団塊の世代がどんどんつがって、どんどん子どもが産まれ、第二次ベビーブームとなった。だから、世代人口も多い。だとしたら、第三次ベビーブームはなぜ起きなかったのか。その謎が解きたいわけ。

生活水準を下げられない

雨宮　やはり一番の原因は、雇用破壊ですよ。
上野　だから、雇用破壊なんて敗戦後もそうだったのよ。
雨宮　確かに貧乏でも年収１５０万円あれば、２人で働いたら年収３００万円にはなる。それで結婚子育てができないのかと言われると、微妙なラインではありますね。
上野　かりに２００万あったとしましょう。２人で２００万ずつなら年収４００万円になる。これは世帯年収の平均値に近い額です。それなのに、なぜそういう選択をしないのか。
雨宮　わたしの周りでも、そういう選択をする人は少数派です。なぜなんでしょうね。
上野　その答えを出しているのが、社会学者の山田昌弘さんたちです。いろいろなデータや調査ではっきりしているのは、親が現在自分に与えてくれている生活水準を低下させるような選択はしない、と。
雨宮　なるほど。確かにわたしたち世代は、結婚するにあたって、自分の親世代と同等のものをそろえなくてはいけないというプレッシャーがあります。だから正社員として終身雇用の枠内にいて、ゆくゆくはローンで家を買うとか、その条件を満たせないならば結婚する資格がないと、無意識のうちにどこかで刷り込まれている。親の教育のせいもあるでしょう。それと自分の生活がかけ離れすぎているから、結婚が現実的なものとして考えられない。

上野　戦争というのは社会全体の経験だから、ひとしく破壊を受けて、ゼロからスタートするしかなかった。でもあなたたちは、あるべき生活のデフォルトがすでに「持てる社会」になっているわけだ。つまり、親の家の子ども部屋で味わった生活水準から低下することが許容できない。周囲が全員貧しければ貧しさも耐えられるけれど、格差のある社会では、相対的剝奪感が強くなるわけね。

雨宮　それもあるでしょうね。実家暮らしの人が貧乏な人と結婚すると、確実に生活レベルが低下しますから。

上野　鬱陶しがられるのを承知でまたもや昔話をすると、わたしたちは同棲世代なわけ。かぐや姫の『神田川』で歌われているように、三畳や四畳半で共同トイレ風呂なしの部屋で同棲したカップルもいます。明らかに親の家より生活水準が落ちている。当たり前です、食っていけない男女だから。それでも同棲して、主として妊娠をきっかけに結婚をしていきました。もちろん、惨憺たる中絶を繰り返した女性もいます。みんな避妊がへたくそだったからね。なぜそれと同じことが、団塊ジュニアでは起きなかったんだろう。

雨宮　わたしの周りでも、特定のパートナーがいる人はいますが、子どもがいる人はほとんどいない。金銭的に無理、という話しか聞いたことありません。

上野　今のワンルームマンションには、ちゃんとトイレ、バスがあって、エアコンもついているでしょう。生活環境に関していえば、かつてよりかなり恵まれている。いったいなぜ、第三次ベビーブームは起きなかったのか。非正規雇用だけで説明ができるかどうかがちょっと謎です。

雨宮　やはり、貧乏なのに子どもなんか産んだら悲惨になるというイメージしかないんですよ。それに子ども産んで共働きだと、家事と育児と仕事で過労死しそうです。保育園を探すのも大変そうだし。

上野　正直、われわれ世代の子育ては悲惨でした。子どもを産んでも、今みたいに保育園はありませんでしたし。

雨宮　皆さん、どうしていたんですか？

上野　何をやったかというと、みんな必死になって共同保育をやったのよ。

雨宮　自分たちで？

上野　その通り。団塊世代が潜り抜けてきたあの惨憺たる経験を思い出すと、貧乏だというのは、子どもを産まない理由にはならないと思う。だったら、なんなのか。でも、こんなことを言っていると、わたしたちの時代はこんなに苦労したのにおまえたちは、という、ほとんど姑のグチみたいになってしまうけど（笑）。

とはいえ、人口現象は謎だらけです。貧しいからって子どもを産まない理由にはならないし、豊かだから子どもを産む理由にもならない。戦火のなかや難民キャンプのなかでも子どもは生まれるからね。経験則でわかっているのは、ある集団の社会的地位が上昇すると出生率が低下する、ということだけ。だから人口抑制の最善の手段は、女性の教育水準を上げることと言われてきたぐらいです。結果、日本もそうなっているのかもしれませんね。

共同保育はもう成立しないのか

雨宮　今、「共同保育」という言葉が出ましたが、いったいどういうことなんでしょうか?

上野　文字通り、みんなで助け合って、子どもの面倒をみるのよ。だって保育園もなかったんだから。仲間で子どもの預かり合いをしたり、お寺の離れなんかを借りて、お金を出しあって保育士さんを雇ってそこに預けたり。母親も父親もローテーションでかかわって、バザーして資金集めをしたり。今の60代、70代は、ないないづくしのなかから、闘ってさまざまなサービスや制度を獲得してきた世代です。その次の世代は、制度やサービスの利用者になったけど、その代わり、自分たちで連帯しようとはしない。

今の人たちは、みんなで共同保育しようという方面に動くより、保育園をもっと作れと制度的な要求に向かう。あるいは、お金で解決できることはお金で解決しようとする。制度的解決を優先して、お互いにサポートし合おうというふうにはならない。

雨宮　子育てするのに、自分たちで共同保育なんていう発想自体、聞いたことがありません。なぜかというと、人の子どもを預かって、もし怪我でもしたらどうしよう、と。モンスタークレーマーの存在を前提としている時代ですから。責任問題のほうを、先に考えてしまう。預かる時にどういう契約書を書くんだろう、とか。

上野　でも、ばあさんには子どもを預けるでしょう？

雨宮　それは、身内だからでしょうね。共同保育なんてそんな恐ろしいこと、昔はよく成立したな、と思います。事故とかトラブルはなかったんですか？

上野　ありましたよ。それでアンファンテ保険[*1]というものを思いついた女性がいて、保険商品を開発したりもした。でも、そういうノウハウも伝わっていない。もちろんいくら保険があっても、万が一死亡事故などがあったら、取り返しはつきませんけどね。でもわたしたち世代は本当に切羽詰まっていたから、待ったなしのニーズに応える助け合いのしくみを自分たちの手で作りだしてきました。政治や制度の変革を待ってられませんでしたからね。

雨宮　なるほど。共同保育の待ったなし感というのは、貧困問題でいうと、年越し派遣村に似ているかもしれませんね。行政は正月期間止まってしまうから、みんなで炊き出しとかして、派遣村を作ろう、と。そう置き換えるとわからなくもないけれど、自分たちで助け合うなんていうことを、わたしは社会運動の現場以外では人生のどこででもやったことがないので――。

上野　結局、ネオリベの波をもろに受けて精神性が形成された世代は、仲間はみんな信用できないライバルだから、深みに入るような関係は結ばないということでしょうか。

雨宮　競争ベースの人間関係しかないので。

上野　団塊世代のような「熱い関係」は成立しないんだ。共同保育をやると家のなかの乱雑さや夫婦関係のプライバシーも何もかも筒抜けになってしまう。隠し事ができなくて、かえって底の割れた人間的な信頼関係が生まれる。共同保育の仲間が、家族ぐるみで生涯の友になったという人はたくさんいますよ。

雨宮　今は熱い人間は、浮くでしょうね。もし今の時代、「共同保育やろうよ」なんて言いだす人がいたら、「あいつ空気読まなくておかしいよ」って言われる気がします。あるいは、共同保育なんて言って何を企んでいるんだと不審者扱いされかねないとか。

上野　熱い関係は成立しないというけれど、そもそも結婚というのは、お互いプライベートな領域に食い込み合って、迷惑もかけあうし、何より濃厚な人間関係でしょう。だから重いし、面倒くさいと感じるのかな。それも非婚化の理由のひとつかもしれない。

雨宮　ひとり暮らしが長かったりすると、確かにいろいろ面倒かも。濃厚な人間関係も疲れる部分もあるし。人とぶつからないのは、嫌われたくないという思いもあるし。

上野　確かに関係恐怖みたいな人たちが男女ともに増えているような気がします。とくに男は2次元のバーチャル世界で性欲を解消する人が多いかも。

子ども部屋に居続ける娘たち

雨宮　昔は、25歳までに結婚しろ、みたいなプレッシャーもありましたよね。今はそれがないのも、結婚をしない理由として大きいですよね。

上野　加えて今は何歳になっても、親が家に置いてくれる。調査によると、学校を卒業後、親と同居を続けるシングル女性の割合は7割を超えています。

雨宮　出ていくお金がないというのは、大きな理由ですよね。

上野　親の側にそれだけの鬙《かじ》るすねがある、とも言い換えられます。そしてもうひとつ、子ども部屋がある。個室を持っているから、子ども部屋から娘が出ていかなくてもすむようになった。わたしたちの世代は、「おまえがいるとお兄ちゃんにお嫁さんが来ない」と言われたものです。でも今は、結婚と同時に息子も家を出ていく。世帯分離するようになったせいで、ますます娘が家にいやすくなりました。

雨宮　確かに男きょうだいが結婚して親と同居していたら、娘はいづらいですものね。

上野　団塊世代は、外に出ていけという圧力が家のなかからも強いし、出て行きたいという娘の気持ちも強かった。ところが今は、それが逆になっている。しかも晩婚化、非婚化が進んでいる。以前は、娘は親から夫に手渡され、親のインフラが夫のインフラに変わることで女の人生は上がりだった。ところが、子どもたちは結婚しないまま高齢化しています。家に居残った娘の立場にしてみれば、夫の顔色を見るより、親の顔色を見るほうがずっと楽だろうね。

雨宮　それはそうでしょうね。

上野　だとしたら、結婚より親のインフラを選ぶほうが楽だ、ということはわかる。そういうことなの？　あと、われわれの世代は、性欲から結婚したかもしれない。今は、性欲は結婚しなくても満たせるから。

雨宮　性欲から結婚って、すごいですよね（笑）。

上野　少なくともわたしより上の世代は、恒常的なセックスパートナーを持とうとしたら結婚しかなかったと語っています。男は一発やると女から「責任とって」と言われ、女は「結婚までは処女で」と言われた世代ですから。

雨宮　今は性欲から結婚する人なんて、たぶんひとりもいないと思います。

海外における婚外子という選択

上野　子どもが家から出て自立する一番大きいきっかけは、性的自立です。日本では団塊世代の時代に、同棲という形でそれが実現できるようになった。ヨーロッパはその後、同棲がどんどん増えていったけれど、日本では増えませんでした。「同棲時代」の後続世代に、婚前同居率が増えると思った予想ははずれました。世界的に晩婚化傾向があるけれど、それは法律婚に限ってです。ヨーロッパでは男女の同居開始年齢はほぼ変わらず、事実婚に関しては晩婚化傾向は見られないというデータもあります。日本だけ同棲が増えないのはどうしてだろう。

雨宮　セックスに対するネガティブな感覚もあるのかもしれません。

上野　その意見はアナクロなんじゃない？　セックスに対するハードルは、時代とともにものすごく下がっています。日本性教育協会の青少年の性行動調査によれば、長期にわたって初交経験年齢は低年齢化しています。ここ数年、逆に上昇しましたけどね。わたしたちの世代までは、結婚までは処女であるべきという規範が普通だった。親は絶対に性に関しては口にしないし、今は死語となっている「初夜」という言葉があり、初夜のしるしとして出血があったかなかったが問題になったりしました。でも今や、処女のまま結婚する女性はほとんどいないでしょう。初交の相手が結婚相手というのは、1割程度だと思います。

雨宮　女性側にしてみると、セックスのハードルは下がっても、妊娠してはいけないという圧力は大きい。

上野　避妊法も増えたし、ずっと確実になりました。失敗しても、中絶だって日本ではそれほど大変ではない。高校生でも、友だちの間の募金でなんとかなる程度の金額です。中絶のハードルがものすごく高いアイルランドなどとは、話が違う。それと、援交をしたり比較的セックスに活発な女の子のほうが、避妊も上手ですね。高校生などの事例を見ていると、間違って妊娠するのは、初めてやったというようなうぶな子たちです。

今、セックスのハードルが下がったと言いましたが、60年代までは世界的に見て、どの国も性的に保守的だった。アメリカも、結婚まで処女でいるべきだと考える人が多かったんです。その後、性革命が世界中を覆っていった。その時、海外で起きたのは、婚外子の増加と離婚率の上昇です。ところが日本では、婚外子出生率が上昇しなかった。これが起きていたら、第三次ベビーブームが起きていた可能性もある。今、フランスとスウェーデンでは、新生児の2人に1人が婚外子です。日本は、結婚と出産がベターッと一緒にくっついているという点で、特殊といってもいい。

雨宮　婚外子という選択は最初からないですよね。その上日本では、シングルマザーは、それこそ貧困の象徴であり続けているわけですから。社会がシングルマザーを罰しているんじゃないか、というくらい大変なので。ひとりで産み育てるなんて無理というのがわたしの思いです。

上野　ヨーロッパの場合、法律婚は少ないけれど、男女が同居している割合はすごく高い。そこで生まれる子どもは婚外子になりますが、まったくなんのハンディもないどころか、シングルマザーは法的に手厚く扱ってもらえるのでかえって有利な場合さえある。

雨宮　そうか。子どもを産んでも貧困なシングルマザー生活ではなく、相手も同居していて手当があって暮らせるのなら、産む人は増えるでしょうね。

上野　そうなんです。日本ではよってたかってシングルマザーにペナルティを課しているようなものです。そうなると第三次ベビーブームが起きなかったのは、ますます人災というべきですね。

広がる世代内格差

上野　雨宮さんの世代は、世代内格差も大きいですよね。

雨宮　そうですね。正規雇用率はそれでも5割は超えていますし、婚姻率も、現在のアラフォー世代の7割以上は結婚している。わたしの世代で結婚をしている人は、ローンでマンシヨンを買ったり、親世代と同じような生活をしている人も多い。実際、団塊ジュニアのなかにも、夫婦ともども正規雇用で、２人合わせると世帯収入が１０００万円近い勝ち組の人たちもいます。その人たちは、子どもの教育にもお金をかけ、勝ち組を再生産していく。でも非正規雇用どうしだと、一緒になっても先々が不安だったりして、なかなか結婚しようとは思えないケースも多い。

上野　確かにカップルの形成は同一経済階層が多い。最近読んだ論文でなるほどと思ったのですが、妻の就労は、これまで世帯年収を向上させて世帯間格差を縮小させるために貢献してきたが、今は妻の就労は世帯間格差を拡大する影響を及ぼしている。正社員につける女性は、いわばエリート階層出身ですから。夫も妻も正規雇用のカップルと両方とも非正規雇用のカップルでは、世帯収入格差はシングル間の格差よりもさらに大きくなる。それが世界的な趨勢です。世帯間格差が拡大すると、それは必ず次の世代に影響し、階層固定が起きてしまう。つまりスタートラインで、圧倒的に差がついてしまうわけです。だから世代間の再分配も大問題だけど、同世代内での再分配も難しくなっている。

雨宮　ライフスタイルも共通言語も違うから、違う階層の人間同士は出会いようがないですものね。

上野　わたしたちの世代は、もっと学歴間格差が大きかった。大学進学率も低く、大卒と高卒では身分格差と言っていいくらい、その後の人生コースの違いがありました。ただ、私立学校がこれだけ普及していなかったので、義務教育は階層が交流する場でした。高校も公立に行く人が多かったし。でも今は、首都圏ではとくにこれだけ私立学校が増えたら、小学校から階層断絶が起きてしまう。

雨宮　そうですね。わたしも、正社員で子どもを持っているような勝ち組同世代が何を考えているのか、正直、わからないです。

マッチョ系とイクメンの端境期

上野　とはいえ、団塊ジュニアで結婚する人たちも7割はいます。あなたたち世代のカップルは、親の世代のカップルと比べてどうですか?

雨宮　今の40歳くらいまでは、「男はこうあるべきだ」というマッチョな思考が、ギリギリ残っているでしょう。ただ同じ世代でも、社会的なことなどを日々勉強している男性は、もっと柔軟です。そういうことを勉強していなくても、人によってはイクメン的な男性もいますが、個人差がものすごく大きい。団塊ジュニアは、昭和のオッサンまっしぐら系とイクメン系のちょうど別れ道みたいな感じなので。学校でもぎりぎり、女子が家庭科をやっている時に男子が技術と分かれていました。93年に家庭科が男女共修になりますが、その少し前の時代です。比率としては、マッチョな昭和オッサンタイプのほうが多いでしょうね。わたしの弟は2人とも結婚していて子どもがいますが、2歳下の弟はあまりイクメンじゃないけど、6歳下の弟は完璧ではないにせよ、かなり頑張って子育てもしています。

上野　その差は、どこから来るんだろう。やはり家庭科共修の影響もあるのでしょうか。

雨宮　下の弟は誰に教えられてイクメンになったのかわかりませんが、ごくナチュラルにやっています。少なくとも、家事や子育ては女だけがやるものだとは思っていない。

上野　女のほうは、今や家事も育児も「女がやるものだ」とは思っていない。そこは確実に変わった。でも男のほうは、必ずしもそうではない。「できるものならば」自分もやる、と。でも、できない理由もたくさんあるわけでしょう。できない理由は見つけやすいから。

雨宮　いい夫に当たった運がいい女性でないと、なかなか難しいですよね。女性の側は、対等に家事も育児も一緒にやって、自分も働くことを望んでいる人が多いと思う。でも男性では、その発想の人はまだ少数派の気がしますね。

上野　出産して働き方を変えた女は山ほどいるけれど、男では「子どもができて働き方を変えました」という人になかなかお目にかかれません。中野円佳さんが書いた『「育休世代」のジレンマ』（14年、光文社新書）を読んでショックを受けたのは、いわゆる「勝ち組」のエリート女性も、夫に育児協力を要求しないこと。なぜかというと、自分もエリート、夫もエリート。男が産休を取るのがどれほど大変か、同じ立場にいるからこそ、理解と同情があるから、と。はなから夫を育児戦力として期待してないんです。

雨宮　だからといって自分だけが背負ったら大変でしょう。

上野　もちろん、不平不満はいっぱい積もっている。でも、夫には要求しないし、期待もしない。なぜなら、夫に出世競争から降りてもらいたくないから。

雨宮　出世してほしいんだ。

上野　当たり前でしょう。エリートの自分の夫はエリートであり続けてもらわなくては困る。それがエリート女の泣き所です。しかもエリート女はたいてい出身階層が高いから、ばあさんがついている。祖母力で乗り切るわけです。わたしの世代の女性が、ぶつぶつ言いながら孫育てをしています。だからわたしは「ちょっと待って。あなたが手を出せば、娘の夫は子育てからとめどなく手を引くよ」と忠告するんですけどね。二世代の女が子どもを育てることに、夫はおんぶに抱っこになってしまう。「あなたは今、子育てという人生のなかで一番大切な経験を通して娘夫婦が戦友になる最大のチャンスを奪っているんだよ」と。そう言うと、ドキッとした顔をする。

雨宮　勝ち組には勝ち組の生きづらさがあるんですね。

旧態依然とした結婚観

上野　なかにはいまだにびっくりするほど結婚観が保守的な人もいますね。男性は、自分が妻子を養わないといけない、と思い込んでいるし、だから自分には結婚の資格がないと思う。女のほうも、自分は養われて当然だと思っている。結婚観が保守的だからマッチングできず、非婚男女が増えているのではないかと社会学者たちは言っていますが、どう思います？

雨宮　確かに自分の周りのフリーターで、月収10数万の男性でも、理想の結婚像を聞くと「自分が食わせていく」。それができないから、結婚は無理だという。自分が食べさせていくという前提があるのが不思議です。でも女性の側も、やっぱり働いても生活できない賃金なので食わせてくれる男を探している人も多い。

上野　わたしは団塊の世代の男たちをずっと見てきて、こいつらは別人種だ、「団塊の世代」とまとめて言うな、と思っていました。団塊男類と団塊女類は、人種が違うと言いたいくらい違いがある。団塊男は、要するに旧世代の価値観を持ったオッサンなんですよ。そのオッサンたちの保守的な価値観が、団塊ジュニアの男にも伝わっているのか。

雨宮　そうですね、一部の同世代の男性と話していると、まったく団塊オッサンと変わらないというか、昭和の忘れ物みたいなことばっかり言うのでびっくりします。そういえばちょっと前に、独身の30代の男性と話していて驚愕しました。団塊ジュニアより下の世代ですけれど、彼の理想の結婚相手は「おしん」だそうです。

上野　えぇぇっ！　よく、そんなことをぬけぬけと言うね。

雨宮　衝撃でした。とにかく〝奴隷〟のような、家政婦のような女と結婚したいらしい。話を聞くと、お母さんがすばらしい〝奴隷〟なんですよ。息子が3人いて、夫も横暴なのに、ひたすら家族に尽くしている。朝は誰よりも早く起きて、家事も完璧で、三歩下がって、みたいな人で。自分の母親みたいな女性と結婚したいとまったく悪びれずに話すので、どうすればいいんだろうと思いました。

上野　そういうことをいうと、周りがどういう引き方をするのか、女がどんな反応をするのか、想像力がないわけ？

雨宮　ないどころか、うっとり自己陶酔している（笑）。

上野　その30男は、すごく正直だと思う。自分の母親と同じように、尽くして、仕えて、自分を支えてくれる女が欲しいんですよ。

雨宮　奴隷が欲しいということですよね。

上野　というより、母親が欲しいんです。

雨宮　なるほど。彼がそんな人間に育ってしまったのは、お母さんが悪いのか。

上野　母親がそういう息子を育てた。

雨宮　でも、父親も悪くないですか？　お父さんみたいに、妻を僕《しもべ》にしておきたい、と息子に思わせたわけだから。

上野　その両親の関係がモデルになっているからね。自分にも実現可能だと、妄想を持っている。

雨宮　どうして今の時代に生きてその価値観になるのか、不思議でしょうがない。

上野　結婚観が変われば、不完全な男女がお互いに迷惑をかけあって、支え合って生きていこうよ、となれるのに。「あなたを一生お守りします」とか「おまえを幸福にしたい」とか言われるとぞっとしませんか。お互いの幸福には責任取れなくても、支え合うくらいはできるでしょう。「割れ鍋に綴じ蓋」で、ひとりよりはふたりのほうがもしかしたら楽しいかも、というふうに結婚観が変わればいいのに、と思います。

雨宮 でも、貧しい同士、協力し合って新しい結婚観で生きていこうという人はあまりいないのも現実です。

上野 オバサンとしては「愛はないのか、愛はっ！」と言いたくなる。愛はどこにいったのか、と。

雨宮 愛があってもお金がなければ……。それに、一世代上を見て、愛ほど不確かなものはないと気づいて、少し冷静になっているんじゃないですか、生き物として。

上野 あぁ、そうか。愛は最強の洗脳装置だからね。親の世代の夫婦関係を見て、愛という名の洗脳装置の効果がなくなったのかもしれません。

雨宮 愛で突っ走っても、ろくなことがないと学習したのかも（笑）。

かえって強化される家族幻想

上野　ところで調査結果から見ると、日本のおひとりさまには、確信犯シングルはほとんどいません。少子化対策のために日本では結婚・出産に関する調査研究がたくさん実施されていますが、国立青少年教育振興機構による2016年度調査によると、20代、30代未婚者の「結婚したくない」割合は5％以下。結婚願望はあるけれど、成り行きでなし崩し的にシングルになったケースがほとんどです。

雨宮　男女ともに、ですか？

上野　男女とも。ところが最近は若い男女の結婚願望そのものが低下してきています。結婚願望が低下したのか、期待が低下したのか。同じデータによると、とくに男の結婚願望が低下しています。それは、どうせできないだろうという気持ちの裏返しかもしれませんけどね。男性の場合、結婚願望と年収はほぼ比例しています。ふしぎなことに年収500万円以上になると、結婚願望は低下する傾向があります。それでもまだ9割以上は、「いつか結婚したい」を含めて結婚願望があります。

雨宮　そんなに高いんですか！

上野　今でもまだ、世間的なプレッシャーが残っているんでしょう。もうひとつわからないのが、昨今の巷の不倫バッシングを見ていると、終身セックス契約を結んだらほかの異性とは一切やりませんと本気で思っているのかよ、と。バッシングしている人たちは、本気なの？

雨宮　どうなんでしょう。不倫バッシングは、若い人たちも結構同調していますよね。

上野　これもわたしの予想がはずれました。同棲が増えるだろうと思っていたのに増えなかったし、自由恋愛が増えるだろうと思っていたら、相変わらず結婚という名の終身契約に入りたいと思う男女が減らない。じゃあ、あの団塊世代の性革命はなんだったのか。当時は「家族帝国主義粉砕」などと言ったものだけど。ウーマン・リブの女性たちは、一夫一婦制は諸悪の根源だと言いました。性的な所有関係や契約関係は抑圧の根源ですから。ところが、家族帝国主義粉砕を唱えた男たちは結婚に雪崩れこみ、一夫一婦制は諸悪の根源だと言っていた女たちもほとんど結婚しました。わたしのような非婚者は超少数派です。

雨宮　そして若い世代は、逆に家族幻想みたいなものが強くなっている気もします。夫婦は神聖な関係であるべき、みたいな。

上野　そうか。現実がどんどん解体されると、逆に幻想が強化されるんですね。

雨宮　現実には日本は性産業がすごく盛んなのに、なんで夫婦幻想が強いんでしょうね。

上野　これも面白いデータですが、一度結婚した人の再婚率はかなり高い。つまり、結婚に懲りない。結婚しない人は最後まで結婚しないし、離婚した人は、相手が悪かったからうまくいかなかったんだと考え、結婚という制度が悪かったとは考えない傾向があるようです。

雨宮　再婚すると、また一から始めるわけでしょう。そんな大変なことを、よく何度も繰り返しますよね。

上野　引っ越しと同じと考えてみては？　みんな引っ越しは何回かするんだから、引っ越しをするようにして、パートナーを変えていけばいい（笑）。

雨宮　楽しそうだけど、案外わたしたちの世代はそういうところ、保守的な人も多いかも。

上野　保守的なのに愛にも洗脳されないんですね。

雨宮　愛には洗脳されないのに、夫婦や家族は不可侵で神聖なものであってほしいというヘンな幻想は高まっているから。あと、親世代の、とくに父親を反面教師としていい夫でいたいという男性も多いですね。

団塊世代が作った家庭への幻滅感

上野　雨宮さん自身は、同棲したいと思ったことはないの？

雨宮　自分がフリーターの頃も、同棲はしたくなかったし、しませんでした。

上野　男と一緒にいたら、割が悪いと思ったから？

雨宮　このまま結婚とかすることになったら面倒くさいな、みたいな。

上野　結婚に希望が持てなかったんだ。

雨宮　嫌でしたね。結婚となると結局、子育て要員、ゆくゆくは介護要員など、「嫁」という前時代的なものを背負わされかねない。

上野　でも嫁に行くしか選択肢がなかったら、そうせざるをえない。仕事もない。実家にもいられない。おまけに間違って妊娠してしまう。われわれの世代までは、さまざまな理由によって、全包囲網的に、結婚に女を追いやっていく時代だった。先ほどのシングルマザーの老後展望についての研究論文では、彼女たちに老後展望はない、なぜなら年金なし資産なしで、倒れるまで働きつづけるしかない。それというのも、年金と資産の形成期に、働くことを夫に「禁止」されたからだとあって、はっとしました。そもそも外に出て働くことを「夫が許可する」という言い方が最近までありました。結局、内でも外でも女を経済的に依存するしかない状態に置いて、結婚に縛り付けておくしくみがあったんですね。団塊の世代までは、結婚するしか行き場のないような強制力があの手この手で働いていたけれど、その強制力がようやくなくなって、おひとりさま万々歳だと、わたしは思っています。

雨宮　上野さんの世代は、おひとりさまは超少数派ですよね。

上野　超レアです。同年齢人口の3％くらいしかいない。それがいつの間にかおひとりさま率が増えたから、大きな顔をしていられます。

雨宮　それはよかった（笑）。

上野　いろいろ考えると、男にとって結婚は「できればしたいもの」であるけれど、女にとっては本来、決してそうではなかったのかもしれない。

雨宮　必要がない。意味がわからない、とかじゃないでしょうか。団塊世代の男性の態度を見るにつけ、結婚しないという選択が賢明に思えてくる。少なくとも、「とにかく働いていりゃあいいんだろう」という人と結婚して幸せなはずはないなと、肌感覚でわかっている。

上野　それを考えるとわたしはやっぱり、団塊世代の夫婦生活ってなんだったんだろうな、というところに行きつかざるをえない。つい最近、樋口恵子さんに「日本人はわずか一世代で、結婚大好き民族から結婚しない民族に変わりました。どうしてでしょう」と聞かれた。その場でわたしは「それは前の世代の結婚生活に魅力がなかったからではありませんか？」と答えました。すると、「はい、その通りです」とお答えが（笑）。つまり、ろくでもない家庭を作ってきたわけです。戦後第一世代がいて、わたしたち団塊の世代が第二世代。そして、あなたたちが第三世代。たった三世代でそうなってしまったわけね。

対幻想を信じた最初で最後の世代

雨宮　団塊ジュニアの生きづらさは、団塊親の結婚生活を色濃く反映している気がします。

上野　確かに結婚生活に不全感を持っている団塊母は、子どもを支配しようとし、自由にさせない。それも団塊ジュニアの不幸です。

雨宮　しかも団塊ジュニアが10代の頃から学校に行かないとか、いじめや引きこもりといった形で問題が顕在化しているのに、気づかなかった親が多いのも問題です。母親は気づいているけれど、気づいていない団塊父は多いですね。自分の価値観で、子どもをダメなやつだと思っている。自分を見直そうという気がさらさらないので、最悪の場合、親子間の殺し合いにまで発展しかねません。それくらい、言葉の通じない団塊男性はいる。

上野　そう言われるにつれ、団塊世代の責任は重いと感じないではいられない。でも、団塊世代の上の世代だってたいした夫婦じゃない。いや、団塊夫婦より、もっとひどかったかもしれません。

雨宮　ですよね。男尊女卑やDV、みたいなイメージです。

上野　そんな自分の親を反面教師にして、わたしは「おひとりさま」になったわけだから。DVだって、統計を取り始めたのが90年代の終わりですから、それ以前はもっと普通にあったかもしれません。統計を取るということはその行為が問題化されたということ。データによるとDV申告件数は年々増えていますが、それはDV男が増えたということではなく、DVに我慢しない女が増えたという証拠でしょう。実際、女は殴られて喜ぶものだと男たちが考えていた時代がありましたから。

雨宮　とんでもないですね。

上野　メキシコのフェミニストがDVをどれだけ問題にしようとしても、女がそもそも共感してくれないと嘆いていました。なぜかというと、殴ってもくれないなんて、わたしを愛していないのね、と思う女性が多いと。

雨宮　わっ、すごい話だ。

上野　殴るというのは、女に対する男の依存度の高さや、執着、所有欲の表れだけど、執着と所有欲を愛だと感じる女性も少なくない。男に執着され、所有されることが女の価値になる。メキシコの女性には、そういう思考回路があると。

雨宮　それを突き詰めると、殺すことになりますよね。

上野　ストーカー殺人は、まさにそうです。究極の所有で、ほかの男の手に渡るくらいなら、いっそオレが殺してしまおう、と。そういうものを「愛」と呼んだ時代もあったし、今もそういう男はいる。わたしと同世代のインテリＤＶ男は、妻を殴る時に「キミを殴る時、ボクの心が泣いているんだ」と言ったそうです。

雨宮　えぇっ！　今すぐ通報されてほしいです。

上野　彼の心理のなかでは、妻を殴るというのは、自傷行為なのよ。

雨宮　そのくらい同一化しているということですか？

上野　身体の一部なんでしょう。

雨宮　大迷惑ですね。でも妻は、黙って殴られているんですか？

上野　殴られていましたね。今でも離婚していません。当時はＤＶという概念もなかったし、相談先もありませんでした。

雨宮　殴り返したらどうなるんだろう。

上野　所有物ではなくなるから、それは謀反であり、反乱であり、裏切りであり、許せない。

で、キレる。

雨宮　キレて、また殴るんですか。

上野　そう。恋愛結婚したインテリのカップルでした。〝ニコイチ〟の対幻想[*2]にはまってそこから脱けだせない。団塊の世代は、対幻想を信じていた最後の世代だから。正確に言うと、最初で最後の世代。上の世代は、もっと冷めていたかもしれない。団塊の世代は恋愛というものを愚直に信じ、妄想のなかに突っ込んでいき、妄想が冷めたらいったいこれはなんだったのか、と呆然としているのでしょう。

絶滅危惧種化する団塊ジュニア

雨宮　なぜ子どもを産まないかという話で思い出しましたが、引きこもり経験者や、リストカットを繰り返すなどいわゆるメンヘラ系[*3]の人がよく言うのは、こんな世の中に生まれてきたら不幸に決まっている。だから子どもを持つ気はない、と。そう言われると、確かにそれもその通りだなぁと、共感する自分もいます。

上野　自分の人生を肯定できなかったら、そこに新しい命を生み出そうとは思えないよね。

雨宮　はい。考えれば考えるほど、彼らの言い分はもっともだと思えてくる。だって、幸せになれるような条件はどこにもないので。貧乏な親の元に生まれてきたら貧困が再生産される確率が高いし、勝ち組の親の元に生まれてきたら、投資財として扱われて競争を勝ち抜くことを求められる。どちらにせよ、幸せとは思えません。

わたしはこのまま子なし人生ですが、わたしくらいの年齢になるととくに、将来の介護要員としての期待が露骨に高まります。わたしの友人で、37歳で婚活サイトに登録してガチに婚活やっている人が言っていたのは、同世代の男は子どもがほしいから20代の女性にしか目が向かない。婚活サイトで声をかけてくるのは、還暦過ぎたバツイチ男だけ、と。

上野　セックスより介護の魅力で男を釣る。

雨宮　しかも、その額が高いじゃないですか。団塊男は、年金をしっかりもらっているから。団塊男の年金額のほうがよかったりしますから。

上野　だから、木嶋佳苗[*4]のような生き方が成立する。

雨宮　まさにそうです。彼女はニーズをよくわかっていた。

上野　つまり第三次ベビーブームが訪れなかったのは、結婚も増えなかったし、婚外子が増える条件もなかった、と。要するに日本社会の抑圧のせいですよね。加えて男女の結婚観のミスマッチ、親からの「結婚しろ」というプレッシャーの軽減、濃い人間関係を厭《いと》う感覚、雇用破壊、親世代が作った家族への幻滅など複合的な要因がある。それで、人口が増える最大で最後のチャンスを逸したわけです。

雨宮　その結果、団塊ジュニアは40代になり、女性は出産可能年齢を過ぎようとしているわけです。今までは自分たちの貧困を放置すると取り返しのつかないことになる。結婚も出産もできないから少子化がもっと進むという訴えが有効でしたが、団塊ジュニア女性の出産可能年齢が過ぎつつあるので、「絶滅危惧種」というところで新たに仕切り直している、という感じです。最近は女性だけではなく男性も言い始めています。

上野　なるほど。そういう意味では今までまったくモデルのない、空前絶後の世代ですね。そういう社会を、何十年かかけて作ってしまったのよね。まさにこれは、人災だと思います。

雨宮　さんざん社会の実験台にされ、そのまま見捨てられた世代なので、「忘れられた世代」にだけはなりたくない。

第5章 団塊世代は年老いた

介護保険の相談窓口（東京都足立区役所）
© 読売新聞社

娘を混乱させるダブルスタンダード

上野　ところで雨宮さん、お父様のご職業は？
雨宮　税理士です。
上野　税理士は国家資格だし、高学歴なんですね。
雨宮　いえ、高卒ですごく苦労して、大学に行かずに税理士資格を取ったみたいです。
上野　ということは、学歴とか資格に対する信仰が強い人なんだ。
雨宮　強いです。自分が大学に行けずに苦労したので、自分の子どもは絶対に大学に行かせる、という感じでした。だからすごく教育熱心でしたね。
上野　娘はどうせ嫁に行くんだから、高等教育は必要ない、という意識はなかったの？
雨宮　それはなかったです。嫁に行くというのはもちろん前提で、なおかつ、とにかく学歴をつけろ、という感じでした。
上野　細かいことを聞きますが、その意識は、お父さんとお母さん、どちらが強かった？

雨宮　学歴に関しては父ですね。とにかく高学歴を目指せ、と。母は、女子としてかわいがられるようになれ、という感じでした。

上野　90年代に女性の大学進学率が上昇した背後には、母世代の怨念があります。団塊世代に関していうと、当時の大学進学率はたった14%、男が20%、女子に至っては5%。だから高卒のほうが、圧倒的に多数派です。ただ、経済成長期だったので、高卒でもそこそこいい会社に就職できた。女性も高卒でOLになる。すると、企業という組織のなかで女性がどんな扱いを受けるかを、骨身にしみて味わっている。そうすると、娘には高学歴を求めるようになる。わたしの前に現れる高学歴の娘たちを見るたびに、彼女たちの後ろに娘の背後霊みたいな母親の影を感じました。あなたのお母さんは必ずしもそうではなく、結婚が女の道だと思っていたんでしょうか。

雨宮　ずっといい大学に行き、いい就職をしろと言い続け、小学校、中学校、高校の時は、かなり執拗にその価値観を浴びせられました。とにかく、そのためだったら今は全部我慢して頑張れ、みたいな感じだった。ところがわたしは高校時代に反抗して、ヴィジュアル系バンドの追っかけをしていて家出とかをするようになった。それでバトルが続いたんです。母は困り果ててカウンセリングを受けに行き、子どもを縛るな、自由にさせろ、成績だけで子どもの価値をはかるなみたいなことを言われたらしく、それ以後はあまりいろいろ言わなくなりました。

上野 そこはやはり世代差がありますね。わたしたちの時代は、女子は4年制大学に行ったら就職はなし、という時代なので。せいぜい就職先としてあるのは、公務員と教員くらい。親も娘に職業なんて期待しない。4年制大学に行ったら結婚が遅くなるので、とんでもないと思われていた。つまりわたしの親世代は、子どもが娘である場合、学歴資本を職業に転換しようとは最初から思わない時代だった。わずか一世代で、このぐらい変わったのね。

雨宮 そうなんですね。わたしの場合、父からも母からも、結婚するにせよ経済的に独り立ちできるようになれと、かなり言われていました。でも、ずっとおかしいと思っていたんです。勉強していい大学に行って、いい職業を見つけろと言ってみたり、いい結婚をしろと言ってみたり、両親ともどもその時の気分で言うことが変わるので。ダブルスタンダードなので、混乱していました。でも途中から、母はあまりにも言うことがころころ変わるので、相手にしなくていいんだと思うようになりました。

上野 娘に対しては、仕事を持って自立しろと、いい結婚をしろとのダブルバインドで、娘が股裂き状態になる。とくに母親は娘が両方ともゲットしないと満足しないみたいね。お父さんとお母さんは、自分の人生に満足しているの？

雨宮　どうなんだろう。少なくとも父は、けっこう満足していそうな感じです。一方、母親はなんらかの屈託を抱えていそうです。カルチャーセンターに行ってやたら習い事をして、3日くらいでやめるというのを一時期繰り返していましたから。時には環境保護系の団体に行ってみたり、ものを作ったり、高齢者や視覚障害者に読み聞かせをしたり。ボランティアとカルチャーセンター的なことに手を出しては、あっという間にやめる。続いているものもありますが。

上野　「カルチャージプシー」や「運動ジプシー」と呼ばれる現象ですね。パートはしていたんですか？

雨宮　やっていませんでした。

上野　夫が税理士で、経済力もある程度おありだからでしょう。お母さんは娘をどんな目で見ているの？

雨宮　フリーター時代や右翼に入っている時は、やっぱり怒っていました。というか、心配していた。でも、どうせいずれ結婚するから、とも思っていたようです。

上野　まだ親はあなたの結婚を諦めていないの？

雨宮　今ですか？　さすがにもう諦めているんじゃないでしょうか。

上野　それはどうだか、わかりませんよ。親って諦めきれない人種だから。

母親みたいになりたくない

雨宮　母がいまだに根に持っているのが、わたしが高校生の時に「お母さんみたいになりたくない」と言ったこと。相当ショックだったみたいです。

上野　同じですよ。わたしも、自分の母親がこうはなりたくない反面教師でした。あなたみたいに本人に向かってあからさまには言わなかったけれど、母はわたしがこういう人生を歩んだことで、自分の人生を全否定されたと感じていた。そして、そのことを恨んでもいました。

雨宮　そうなんですか。

上野　そこで不思議なねじれが起こるのは、結婚もせずに仕事を続けるというのは、あの当時の娘にとっては逸脱だった。つまり親の意思に背くことだった。ところがあなたたちの世代になると、今度は親が娘の教育に投資をする。すると、結婚しないのは親にとって困ったことかもしれないけれど、ちゃんと手に職をつけて仕事を続けるというのは、親の期待に応えることに変わったんですよ。

雨宮　そうですね。

上野　『「育休世代」のジレンマ』を書いた中野円佳さんがわたしに言ったのは、「わたしたちはネオリベ世代の優等生です」。よく自覚しているなと思いました。彼女は東大卒で総合職についた女性ですが、頑張れば報われると思って大学まで走り抜けてきた。ところが卒業して社会に出たら、なんだこれは、と挫折した。彼女の話を聞いて、親の意に背いて働いてきた女がわたしたち世代なのに、彼女たちは親の期待に応えて働き続けるようになったんだ、180度変わったな、と思いました。

雨宮　でも親たちは、娘が働くことを望み、なおかつ結婚も望んでいるわけでしょう。両方なんて無理でしょう、とも思います。

上野　そこが息子に対する気持ちとは違う。母親は、専業主婦として生きてきた自分の人生も否定してほしくないの。

雨宮　うぁっ、面倒くさい。どちらかにしてくれ、と思います。

上野　そう。わたしたちの時代のほうが、まだましだったかも。親の望みはただひとつ、良縁だったから。でなければ仕事か家庭かの二者択一で、どちらか一方を選べば、もう一方は選べなくてもしかたないよね、と思われたから。

雨宮 われわれ世代の場合、親が望む相手は、高学歴高収入の男。フリーターと結婚するといったら反対するわけでしょう。勝手ですよね。

上野 でも、フリーターと結婚するなんていうことを、娘自身が選ばないでしょう。

雨宮 そうか（笑）。

上野 エリート女の最大の泣き所は、夫もエリートでないと我慢できないこと。

雨宮 そういう男、けっこうDV男だったりするんじゃないですか？

上野 自分に経済力があるから、もし万が一そうだったら離婚する力はある。

雨宮 経済力があるなら、相手の男性は貧乏でも大丈夫なのに。

上野 貧乏な男もDVだったりするのよ。コンプレックスの裏返しで、女を従わせて一人前と思っているから。

雨宮 ……どっちもろくでもない……。

被害者だった団塊女が加害者に

上野　摂食障害やアルコール依存症などに取り組んでいる心理カウンセラーの信田さよ子さんは、ご自身が団塊の世代で、クライアントとして団塊女が大勢来るんだそう。彼女曰く、団塊女は家庭や社会で被害者だと思っているけど、子どもに対しては加害者になった、と。思うに、被害者だからこそ加害者になったのよね。

雨宮　どうして自分を被害者だと思い、どういう形で加害者になっていったんでしょう。

上野　団塊世代というのは、戦後の男女共学、民主主義教育の落とし子。学校までは、平等に育ってきたわけ。ところが結婚したら完全に男性優位の家庭に入り、自分を押し殺して生きてきた人たちがすごく多い。だから内心、「こんなはずじゃなかった」という思いが強い。しかも当時、結婚相手の選択はお見合いではなく恋愛に移行していたから、まさに「自己決定・自己責任」で親を恨むこともできず、しかも離婚もできない時代だった。女は食えなかったから、団塊の世代の離婚率は低いのよね。離婚しないからといって、夫婦関係がよいわけではない。むしろ離婚した女たちのほうが、諦めの悪い女たちでした。そういう強烈な不全感があって、それが子どもに向かった。夫に対して従属することで、子どもに対しては支配者になる。子どもにはいい迷惑よね。

雨宮　確かに「自分の代理で夢を叶えろ」的な親は多いですね。

上野　被害者であるがゆえに加害者になるということを、アジアのあるフェミニストから痛烈に突きつけられたことがあります。ちょうど日本人のセックスツアーが盛んだった時代で、「あんたたち日本の女が、日本の男の被害者であり続けるから、わたしたちの加害者になるんだ」って。ガツンときたよね。当時、エイズ予防財団の反エイズキャンペーンで、パスポートで顔を隠したオッサンの横に「いってらっしゃい。気をつけて。」というキャッチコピーが書かれたポスターがあったの。アジアに出張に行く夫のスーツケースに、言われなくてもコンドームを入れてあげるのが、よき妻というものでした。

雨宮　……すごすぎます。何年前ですか？

上野　91年です。

雨宮　うわっ、けっこう最近じゃないですか。

上野　近過去です。当時わたしは女子短大の教師だったから、夫が婚外で女性と関係する時、素人と玄人のどちらが許せるかを聞いてみた。当時の女子短大生は、玄人ならオーケーと答えました。

雨宮　まぁ、そうでしょうね。

上野　つまり突き詰めると、女性も共犯だったんです。当時の女子短大生は、４年制大学卒よりはるかに就職率がよかった。ブランド企業に就職するなら短大に行け、と言われた時代です。そこで将来の夫を見つける。ブランド企業に採用される男というのは、将来性があるわけでしょう。だから、こんなことを言った学生もいましたよ。「わたしは男を見る目に自信がないから、会社が選んだ男を選ぶんです」って。

雨宮　すごい戦略だ！

団塊世代の学歴や役職は、努力や能力とは無関係

上野　あなたの親も団塊世代ですが、わたしが同世代のオッサンたちに言っているのは、あんたたちが今日の地位につけたのは、なにもあんたたちの努力や能力のせいではない。社会全体が上げ潮だったから、たまたまその上げ潮に世代的に乗れたおかげなんだ。それを、自分の努力の成果だと言うな。同じ期待を子どもに押しつけるな、と。でも親は、勘違いして

いる。

雨宮　団塊世代のオッサンが、一番聞きたくない言葉でしょうね。子どもがそれを言ったら、殴られて終わり、という気がします。

上野　これはデータを見れば、はっきりしています。団塊世代の親たちより団塊世代のほうがおしなべて学歴が高い。この学歴の高さは、能力とは関係ありません。単に、大学進学率が高まったというだけの話。そして、おしなべて親の世代より経済階層が高い。親世代より、いい生活をしているわけですが、これも別に親のおかげでもなければ、自分の努力のせいでもない。高度成長期だったので社会全体が上り坂で、豊かになった、ということです。

ところがそこを勘違いしているから、自分たちの子どもに対して、「オレたちにできたんだから、おまえたちもできて当然だろう」と思っている。学歴があっても、団塊世代のように誰でも就職できるとか、そういう時代でなくなっている。その結果、親の経済水準より子どもの経済水準が下がる可能性があるのに、そのことを親はまったく理解できていない。

雨宮　まさにその通りだと思います。

「自分たちにできたことがなぜできない」という圧力

上野　団塊の世代は婚姻率が高く、婚姻の安定性も高い。専業主婦率も高く、離婚したいと言いながら、あまりしない世代です。男性の正規雇用率も高いので、夫が社畜になって一生を抵当にローンで手に入れた持ち家率が高い。そして、厚生年金もあります。妻は夫を見送れば、遺族年金が4分の3入り、持ち家も相続するので、老後は保証されます。ところが団塊ジュニアは全部逆。正規雇用率が低く、婚姻率も下がり、婚姻安定性も脆《もろ》くなった。

雨宮　ところが親たちは、自分が普通に手に入れられたものを子どもたちが手に入れられないのはおかしい、と考えがちです。正規雇用、結婚・子育て、ローンを組んだ家などを、なぜ子どもが持てないのかが理解できない。しかも90年代くらいから自己決定、自己責任の論理が広がっていったこともあり、親世代は、うまくいかないのは子どもの努力が足りないからだと言う。時代が変わってしまったのに気づいていないから、頑張れと尻を叩いてしまう。

上野　それが、リストカットなどの自傷につながっていく。

雨宮　頑張っても一部の人にとっては報われない社会になっているにもかかわらず、日雇い派遣の子どもに、「頑張っていれば、見てくれている社員がいる」とか、「努力すれば報われる」などと、時代錯誤のことを言う。悪気はないのでしょうが。

上野　果たして「悪気がない」と片づけてしまっていいのか。

雨宮　追い詰めれば頑張るんじゃないかと思って追い詰めただけで、別に子どもを殺そうと思っていたわけではないと思います。でもその結果、子どもたちは追い詰められ、自分を責めて心を病んでいく。もちろんわたしたちの世代にも、一部に勝ち組はいます。でも勝ち組を普遍的なモデルだと思われて比べられると、すごくつらいです。

上野　そうですよね。時代の波をもろにかぶって、非正規雇用を余儀なくされたのに。経営者側は日本的雇用の組織文化を一切変えずに、指定席の椅子取りゲームの椅子をうんと減らしたわけでしょう。だから指定席をゲットするための内定競争で、みんな大変な目に遭っている。そのうえ長時間労働などものすごい労働強化が起きているから、運よく椅子をゲットできたからといって、ちっとも幸せではない。

雨宮　先にも話しましたが、非正規雇用であれ、正社員であれ、ひとり暮らしで心を病んだ人は、失業すると家賃が払えないので実家に帰るケースが多い。そこで親から「いつまでダラダラしているんだ」と言われ、家庭内暴力が起きたり、最悪の場合、親にあてつけるように自殺したり、親を殺したりすることもありえます。時代が激変してまったく違う景色を見ている親子が、社会の矛盾を背負って代理戦争をさせられている。社会問題や労働問題が、家庭という名の地下に潜っていると感じます。

上野　時代の変化をまったくわかっていない親と、すべて自己責任だと思って自分を責める子どもの組み合わせが、問題をより深刻にしているんですね。

40代を迎える引きこもり

雨宮　引きこもりも、もはや若者の問題とは言えません。引きこもったまま40代を迎える人も増え、大きな問題です。引きこもりに関連して言えるのは、団塊世代の父親不在という暴力です。多くの父親たちは、家庭に不在だった。そのくせ時々酔っ払って、子どもにどうでもいい自己責任論みたいなものを植えつけようとする。自分の妻をどれだけ抑圧し、子どもを傷つけているかということにまったく無自覚で。自分の息子や娘はダメな人間だと思っている団塊世代の父親の存在自体が、一種の暴力と言ってもいい。家庭内暴力で子どもと妻が大変なことになっても、スルーする父親もけっこういますし。

上野　よくぞ言ってくださいました、父親の不在は暴力だって。そういえば信田さよ子さんが面白い表現で説明してくれた。母と娘が取っ組み合いみたいな喧嘩をしている最中に、居合わせた父親は石像化する、と。それをある漫画家が絵にしてくれて、父親がモアイ像になっている（笑）。うまいね、この表現力。現実逃避と鈍感力の極みでしょう。

雨宮　父親は、働いて稼ぎさえすればいい、と思っている団塊父は本当に多い。「誰がおまえらを食わせてやってると思ってるんだ」というのが本音でしょ。自分は疲れているんだ、おまえの育て方が悪かった、みたいな。それで自分は飲み歩いて癒されて、どこにも癒される場所がない妻と子どもが疲弊しきって傷つけ合っているのを、うちの妻と子どもはダメだ、みたいな目で見ている。そんな父親にこてんぱんに傷つけられ、それで自殺した団塊ジュニアもけっこういます。それなのになぜ、団塊男たちの罪は問われないのか。

上野　本当にいいことを言ってくれた。母親たちは、責任を感じているのよ。そして、こうなったのは自分のせいだと、自分を責める。ところが男親たちは責任を感じないというか、加害者であるという自覚がない。

雨宮　怖いのは、そういう父親が反面教師にならず、再生産される場合もある。

上野　ＤＶ父の息子たちは、ある時から暴力を学ぶ。父と同じように振る舞っていいんだと学習すると、信田さんが言っていました。

雨宮　ある時って、どういう時ですか？

上野　自分が被害者でなくなる年齢くらいから。ＤＶ父は、息子が自分よりも腕力が強くなると、暴力をピタッとやめる。力関係に敏感な人たちだから。

雨宮　野生の王国みたいじゃないですか。力で決まるなんて、まるでジャングルの掟。

上野　よくぞ言ってくれた。わたしは、家族は無法地帯だと言ってきたの。ジャングルにモアイ像がある。すごいでしょ。娘はそこから、結婚なんてしなくてもいいと学ぶし、息子は、金と社会的地位さえあれば女はついてくると思っている。

雨宮　確かに精神的マッチョな人でも、彼女や妻がいたりしますからね。

上野　ということは今でも、結婚契約は生活保障なんだ。

雨宮　そういう面もあるでしょうね。女性の非正規雇用率がこれだけ高いわけですから。

上野　今、母と娘の関係がずいぶん問題になっていますが、それを最初に取り上げたのはフェミニズムです。フェミのおかげで初めて、娘は母を嫌いだと言えるようになったし、母親もまた子どもを好きになれないと口に出せるようになった。ところが母と息子、父と息子の関係はどうなっているのか。なかなか言語化されないから、わからない。被害者が被害者だと声に出さないと、加害者は存在しないままですからね。『介護する息子たち』(17年、勁草書房)を書いた平山亮さんによると、男は感情を表現することを怠ってきた。すると、表現されない感情は存在しなくなる。だから「何を感じているのですか?」と聞いても、答えられないそうです。

雨宮　怖いですね。

上野　父親世代も、息子世代もその点では変わりませんね。

雨宮　そもそも男は、家庭のことを語らないですよね。この前もご飯を食べに行ったら、隣のテーブルのオジサンたちが、フィリピンで13歳の少女を買春したという話で大声で盛り上がっていて泣きたくなりました。もしそれが自分の父親で、自分が10代、20代だったら殺してしまうかもしれないと思いました。そういう話題が自分の家族にとってどれほどの暴力なのか、彼らは本当にわかっていない。団塊男たちが家族について語らってるのなんて、見たことないです。彼らのなかで、家庭の位置づけってなんだろう、と思うくらい。

上野　それが、あなたの言葉でいうと、父親の不在という暴力。それ自体が暴力だという自覚がまるでない。自覚がないまま老いていって、自覚がないまま老後は家族に面倒をみてもらって当然だと思っている。

雨宮　自分が食わせてやったんだから、育ててやったんだから、介護するのは当然だろうという態度で挑んでくる団塊オヤジがこれから大量発生して、ジュニアを苦しめるのでしょうか。

団塊ジュニアを襲う介護負担

上野　団塊の世代も今や前期高齢者。２０２５年には、この団塊世代がまとめて後期高齢者になります。前期高齢者は、比較的元気。ところが後期高齢者になったとたんに、要介護率が上がる。プラス認知症発症率が上がります。ですから、危機はカウントダウンに入りました。

雨宮　そうですね。わたしの周りにも、介護が始まった人がちらほらいます。

上野　そうなると団塊ジュニアにとってはまず、団塊親の介護問題をどう乗り切るかというのが大問題です。その次に訪れるのは、親を見送った後の自分自身の老後です。団塊親の老後と、親より不利な条件で迎える自分の老後、ふたつの問題が重なってきている。たぶん今は、目の前で弱っていく親を看取るという仕事が立ちはだかっている状態でしょう。

雨宮　15年11月に、利根川で親子心中未遂事件がありました。母親が10年ほど認知症を患い、47歳の娘がずっと介護していましたが、父親も身体を壊して働けなくなった。一家に年金収入はなかったので、父親が働けなくなると、とたんに生活ができなくなる。娘は生活保護申請のため役所を訪れましたが、その翌日、父親が娘に「3人で一緒に死んでくれるか」と言います。そして3人で車で川に入りましたが、娘だけが助かった。わたしは裁判をすべて傍聴したのですが……。

上野　悲惨な事件でしたね。

雨宮　娘は高校を中退してから、ずっと非正規雇用。未婚で親と同居していて、30代からなし崩し的に介護が始まった。彼女は転職するたびに「心が折れた」と。心中の2日前、生活保護を受けるにあたって役所の人が訪問調査に訪れたのですが、その時にいろいろと聞かれ、それまでの人生を「惨めだなと思いました。高校も中退して、仕事も転々として。あまりにも惨めな気持ちになったので、早く死のうと思いました」と語っていました。彼女には結婚している姉が2人いますが、介護にはほとんどタッチしていません。裁判ではそのことを涙ながらに悔いていました。

上野　社会学の研究によると、家族のなかで主たる介護者が決まると、ほかの家族は関与しなくなり、介護者が孤立化しやすいことがわかっています。すると、家族がブラックボックス化する。利根川の件も、２人の姉がいましたが、未婚の妹がすべて抱え込んだのでしょう。

制度を使うという権利意識の欠如

雨宮　そういえばわたしの好きなヴィジュアル系バンドのメンバーのひとりが、親の介護のために脱退するそうで、すごくショックを受けました。両親と、隣に住んでいる祖母の３人を自分がみなくてはいけない、と。

上野　それは男？

雨宮　男です。

上野　わたしは、ちょっとベタには信用できないな。バンド脱退の、表向きの理由という可能性はない？　社会的にも承認されやすい理由だし。

雨宮　確かにそういう可能性はありますね。でも自分は長男だし、家が自営業だからといったことも、ブログには書いていました。

上野　介護保険前[*1]だったら、そうするしか選択肢がなかったかもしれません。でも今は、介護保険をうまく活用すれば、何もそこまでしなくてもすみます。

雨宮　その人は、介護保険についてあまり知らない可能性もありますよね。わたしも、もしそういうシチュエーションになったら、どこに行ったらいいかわかりません。

上野　まずは地域包括支援センター[*2]に相談をすることです。

雨宮　親の介護が不安だと言っている同世代の人で、その名称を知っている人はひとりもいませんでした。

上野　キャーッ！　本当に？

雨宮　はい。わたしはたまたま、精神障害に関連して地域包括支援センターを知っていました。だからつい最近まで、精神障害の人やその家族が相談に行くところで介護とは関係ないと思っていました。

上野　日本人の制度リテラシーは、ものすごく低い。福祉はどれも、自己申告主義だから。それに役所も積極的に宣伝したがらない。制度の利用を抑制したいから。日本の社会保障制度は、制度そのものを見れば決して悪くないのに、使い方がわからないんです。制度を使うという権利意識を学校で子どもに教えないのも問題です。

雨宮　だから若い人も、いざホームレスになった時、どこに行って誰に相談したらいいのかがわからない。ホームレス状態でも生活保護は受けられるから、役所の福祉事務所に行けばいいのですが、みんなたいてい近くの交番に行くんです。お金もなくて本当に餓死しそうで、泊まるところもなくて、交番ならなんとかしてくれると思って……。

上野　警察に対する信頼はあるの？

雨宮　そうなんですよ。

上野　えぇぇっ！

雨宮　でも、警察は当然、何もしてくれない。説教されるか、「実家に帰りなさい」と言われるか。一番ましだったのは、近くの公園の炊き出しを教えてくれたというケース。

上野　わたしたちの世代は、警察は敵と思ったことはあるけれど、自分を守ってくれると思ったことは一度もない。機動隊にぶんなぐられたりしましたからね。そこまで信頼度が高いというのは、公安国家なんだ。恐ろしい。

雨宮　少なくとも、役所に行くという発想はないですね。

介護離職の果てに

上野　介護に話を戻すと、非正規だと現実的には有給休暇なんて取れないし、収入が低いから、仕事をやめて介護をしながら親の年金に依存する形になりやすい。そのなかで問題になっているのが、高齢者虐待です。40代、50代のシングル男性と高齢者の世帯がこれだけ増えるなんて、誰も予想していなかった。女性は家事もでき、介護能力もあるけれど、男性にはそれがない場合も多い。ニートや引きこもりの息子と高齢者という組み合わせは、もっとも悲惨ですね。

雨宮　親の年金で暮らしているなら、虐待して親の死期を早めてしまうと、自分が困るはずなのに。

上野　そうなんです。親がカネづるなら、大事にして長生きしてもらえばいいのにね。自分自身が追いつめられて、そこまで考える余裕すらないんだそうです。親のほうは親のほうで、自分が弱者になって要介護になると、自分のことで頭がいっぱいで、子どもの人生を考える余裕がなくなります。お互いに切羽詰まって、自分の利益しか考えない。

雨宮　わかります。知り合いの既婚女性は、母親が亡くなったとたん、要介護の父親が平然と「仕事をやめてこっちに引っ越して来い」と言ってきた。「ええっ！　何それ」ですよね。

上野　とにかく介護離職だけはやめなさいと、わたしは常にアドバイスしています。親の犠牲になったと、死んだ後まで親を恨むような人生はつらいよ、と。自分の老後の心配をしてくれるのは、親じゃなくて自分自身だよって言っています。

雨宮　でも、現実は介護のために正社員の道から外れざるをえない人もいます。百貨店に勤務していたある男性は、40代の頃、親の介護のために休暇を取ることも多かった。ちょうどその頃、会社が人員削減のため早期退職者を募り、休暇が多くていづらい雰囲気だった彼は、退職する道を選びます。その後、非正規で働きながら両親を介護し、それぞれ看取りましたが、２００万円かけて母の葬儀を出したら、手元に１万５０００円しか残らなかった。家は持ち家ではなかったので、たちまち生活に困り、結局親の遺骨と飼っていた猫を連れて路上に出て、ホームレスになりました。

上野　元百貨店勤務でも、いったんそこから外れたら、ホームレスになる可能性があるんですね。でも残金はほとんどないことがわかっていながら、なんで立派な葬儀を出すんだろう。死者のために使うより、自分が生き抜くために使えばいいのに。なぜ、そんな本末転倒のことをするのか。

雨宮　そうか、葬儀をせずに生活の立て直しのために使うという手段もあったんですね。でも、すごく親孝行な人だったので、その発想はなかったんだと思います。

上野　今懸念しているのは、長寿化して平均寿命が延びたため、いつまで老後が続くかわからないことです。国としても、年金だけで老後を生きていかなくてはいけない世帯がこれほど増えるとは想定していなかった。

なぜ国民年金の給付額があれだけ低いのか。それは、自営業の比率が高かった時代に制度設計をしたからです。当時、自営業のほとんどが農業人口。役人たちは、雇用者には定年があるから定年後の生活保障をしなくてはならないけれど、自営業者は定年がないからいつまでも働ける。だから年金はプラスアルファの分でいいと考えた。月額３万程度は年寄りの小遣いにはちょうどよいかもしれない。

ところがこれだけ長寿化すると、生涯働くなんて無理。年金プラス資産の取り崩しで生きていかなければならないので、そのうち持ち家など、それまで積み立てた資産を再フロー化したり、ストックを売却するなどして対応するしかない。自分たちはそれでなんとかなっても、残された子どもたちはどうなるのか。考えただけで恐ろしくなります。

思考停止している団塊世代

雨宮　うちの両親は、将来なにかあったら施設に入ると言っています。母方の祖母が病気になってひとり暮らしができなくなり、病院をたらいまわしにされ、いろいろ大変だったようですが、結果的にいい施設に落ち着いた。母が手配などを一手にやっていたので、ずいぶん学習し、情報もたくさんもっているようです。

上野　今どきの高齢者はみんなこぞって「子どもに迷惑をかけたくない」という。いったいなぜなのか、不思議です。歳をとると、何が起こるかわからない。「迷惑をかけない」などと言い切ってしまうと、自分の首を絞めることになるのに。それに結果的に、なにかしら迷惑をかけることになるんだから。わたしは同世代には、子どもに「あんたたには世話にならない」なんて憎まれ口をきくより、「何があるかわからないから、その時にはよろしくね」と言っておけ、と常日頃言っています。

雨宮　「あんたには迷惑をかけない」というのと、「ポックリ死ぬから」というのは、一番信用できない。

上野　しかもそう言いながら、具体的には何も準備していなかったりする。実際に介護の現場を見ていると、親は本当に何も考えていなかったんだと感じます。なぜそこまで楽観していたのか、と。今の年金制度だと、夫婦の一方が要介護ならなんとか保ちますが、両方が要介護になってそれぞれ施設に入ったら、まかないきれません。

わたしの教え子の団塊ジュニア女性は、母親が早くに認知症になり施設に入った。その後、父親が要介護になり、その時初めてわかったのは、一流企業に勤めていてけっこう退職金もよかったはずなのに、親たちがすべて使ってしまっていたこと。気がついたら資産もなく、結局、父親を施設に入れるため、彼女は借金するしかありませんでした。「家を売ればいいじゃない」とアドバイスしたら、家を売ったら父親がダメージを受けて立ち直れなくなる、と。結局、最後の最後に父親に納得してもらって家を売り、一息つきました。一連の成り行きを見て、団塊世代がどれほど自分の老後に関して楽観的で、口ほどにも考えておらず、思考停止しているかということがよくわかりました。

雨宮　確かにそうかもしれません。うちの親は国民年金ですから、年金支給額もかなり低い。施設に入ると言っても夫婦で具体的な話とか、してるのかな。

上野　嫌なことは、見たくない、聞きたくない、考えたくないのでしょう。

雨宮　そうでしょうね。

上野　つくづく思うのは、団塊世代は資産形成をしてきましたが、それはたったひとつ、持ち家という形だった。介護が長期化したら、その持ち家を再フロー化しないと、介護費用が捻出できなくなる。その状況が起きたら、本当に子どもの世代はないないづくし。親の年金は親が死ねば終わるし、資産はなくなるし、その上に介護なんて引き受けたらアウトでしょう。

雨宮　そのためには介護保険を充分活用しつつ、無理はしないほうがいいんですね。

上野　親の生き死にに関する意思決定は、子どもがするしかありません。最近は少子化のせいで、ひとりっ子がすべて背負わなくてはいけないケースも多く、見ていて気の毒になります。

雨宮　あぁ、延命治療をどうするかとか、そういうことですね。

上野　そう。生き死ににかかわる決定的な節目で、意思決定しなければならない。死んだ後も、葬式や墓をどうするとか、それもひとりで決めなくてはいけない。意思決定は負担と責任の重い労働です。きょうだいがいれば相談相手がいるし、気持ちの負担も分散できますが、いないときついですね。

雨宮　それはきついですね。きょうだい仲にもよりますが。わたしの場合は３人きょうだいで仲がいいので、いろいろ相談はできる。そういう意味では、きょうだいを作っておいてくれてありがとう、と思います。

娘に介護してもらうのが究極の夢

上野　自分の老後をどうするかという話は、女の人にはちゃんと通じるけれど、オッサンたちは本当にいやがりますね。男は思考停止する。

雨宮　とくにマッチョな男アイデンティティを持っている人ほど、弱者イメージの自分を受け入れられないのでしょう。

上野　本当にそうですね。自分がさんざん弱者を差別してきたからね。学生を見ていて感じるけれど、自立をめぐっては困った方向にジェンダー差が縮小してきたと思わない？

雨宮　どういうことですか？

上野　昔は、男は自立を強いられてきたけれど、団塊ジュニア以降、娘たちもそうなったでしょう。親から期待を受けて女の子も教育投資の対象になり、経済的自立を期待されるようになった。その上親から介護の期待まで受ける。よく女親から聞きますよ。息子なんて産んでもしようがない、よその女に取られるだけだから。娘を産んでおいてよかった、と。わたし自身、自分の母親から目の前で「娘を産んでおいてよかったわ」と言われて、ゾッとしました。「お母さん、あなたは老後のためにわたしを産んだの？」って。

雨宮　でも、きっと究極の夢は、娘に介護してもらうことだと思いますよ。嫁にも行かない娘が実家にいて介護してくれるのが、今、団塊世代の人たちの夢なんじゃないでしょうか。

上野　親思いの団塊ジュニアは、子どもの責任として親を背負いかねない。この前、アラフォーのシングル女性の集まりで、「親の老後に、あなたたちに責任はない。何十年も生きてきた人の幸や不幸はその人の責任であり、娘のあなたにはどうにもできない。たとえ不幸な最期を迎えたとしても、子どものあなたに責任はない」と言ったら、「そう思ってもいいんですか？　心からほっとしました」という声が返ってきました。

雨宮　子どもはどうしても、背負いがちですから。

上野　わたしの不幸はおまえのせいだという、母の呪いがありますから。おまえにはわたしを救う責任がある、と。シングルの娘はなおさら、その呪いにかかりやすい。そして、結婚したきょうだいより自分に、親の老後の責任があると感じてしまう。娘たちは息子より責任感が強いから。「あなたに責任はないのよ」と言ったら、初めてそういう言葉をかけてもらった、という顔をしていました。

雨宮　そういう人、わたしの周りにもけっこういます。独身男性でも、どこに引っ越しても母親が無理矢理同居し、「わたしの老後をみてくれる人と結婚しろ」とまで言う。

上野　その洗脳は解けないの？

雨宮　最近やっと、解けてきたようです。

上野　母親への葛藤を娘が言葉にし始めるのは、40代から50代だそうです。20代、30代では、呪いは解けない。だから団塊ジュニアも、そろそろ呪いが解ける年代に入ってきたのじゃないでしょうか。

雨宮　40代で気づくというのは、やや手遅れ感がある気もしますが。

上野　いずれにせよ、団塊世代はなんという家庭を作ってきてしまったんだろうかと、暗澹たる気持ちになります。

第6章

フェミニズムはなぜ継承されなかったのか

アグネス論争に対する反応

上野　わたしが短大で教えていた頃、「アグネス論争」が起きました。1987年、タレントのアグネス・チャンさんが乳児を連れてテレビの収録現場に行ったところ、激しくバッシングされた。バッシングする側の急先鋒となったのが、中野翠さんや林真理子さんです。「大人の世界に子どもを入れるな」「周囲の迷惑を考えていない」「プロとして甘えている」と、全否定した。わたしは、「働く女の後ろには必ず子どもがいる」と、アグネス・チャンを擁護しました。

当時女子短大で教えていたわたしは学生たちにアグネス論争の資料を渡して、どんな反応が返ってくるかを見たのですが、結局、彼女たちからの反応は、「そうか、子連れで出勤したらこんなにバッシングを受けるんだ。だったらわたしはやめておこう」でした。わたしはそんなつもりではなかったので、愕然としました。彼女たちは、「そうか、ちょっと人と外れたことをしたら、こんな痛い目にあうんだ」ということを学習して、アグネスを反面教師にしたんですね。

雨宮　わたしは「アグネス論争」は、リアルタイムでは知りません。ただ、そういうことがあったということは、聞いています。

上野　単刀直入に聞くけれど、「フェミニズム」と聞いて、どんな印象を持っていましたか?

雨宮　「田嶋陽子、以上」という感じですね。[*1]

上野　男にたてつくと、あそこまでコケにされる、と。

雨宮　そうです。ああいうことをやると、あんなふうにバカにされて、辱《はずかし》めを受けるよ、と。

上野　そういうロールモデルなんだ。

雨宮　女性の権利を主張したりしたら、「そういう女はかわいくない」とか「モテなくなるぞ」「ブス」だとか、そういうメチャクチャなバッシングを受けるということしか学習できなかった。わたし自身は、ここ数年フェミニズムに非常に関心があるのですが、どこから勉強したらいいかわからないというのが正直なところです。

メディアにおける田嶋陽子の存在とは

上野　メディア研究のなかに、クリティカル・ディスコース・アナリシス——批判的言説研究というものがあって、その視点でウーマン・リブ時代のリブ報道を研究した斎藤正美さんという研究者がいます。リブ時代は、田嶋さんの時よりさらにひどかった。「ブスのヒステリー集団が黄色い声をあげた」、とか言われましたから。

雨宮　ひどいですね。

上野　ところがメディアが意図したメッセージとは違い、たとえばリブの女性たちが提唱していた優生保護法改悪反対などを聞いて、そちらのメッセージを受け取る女性もいました。実際わたしより若い世代で、地方に住んでいる女性で、世の中にはこんな女の人たちがいるんだと勇気づけられて東京に行こうと思った人たちもけっこういます。

田嶋さんもしかり。田嶋陽子さんをとことんコケにするテレビ番組があり、それが番組が意図したメッセージであったとしても、意図せざる効果もある。たとえば、どれだけ叩かれても田嶋さんがめげないとか、田嶋さんが言うことのほうに理があるというメッセージを受け取る人もいたわけです。その証拠に彼女は全国各地に講演に呼ばれるようになり、鬱屈したおばさま方が「よくぞ言ってくれた」と熱狂的に歓迎してくれたそうです。それが彼女の自信の源になっている。

　そうやって彼女をサポートした聴衆もいれば、あんなことをやるとひどい目にあうんだというメッセージを受けた女性たちもいた。それは世代の差なんだろうか。

雨宮　20代の頃は、単にイメージとして、ヒステリーっぽく声高に何かを言っているんだろうと思っていたのですが、語っている内容に共感できると気づいた瞬間も多々あって。でも結局、どんなにいいことを言っても、男社会的なものにこてんぱんにされる。どれだけこちらが感動しても、嘲笑の対象になっている。そうやって嘲笑《あざわら》っている男たちを見ると、心のなかでは田嶋さんに共感しても、それを表してはいけないんだと思いました。

上野　どうせ言っても無駄だという無力感？

雨宮　そうですね。周りにそういう話をできる友人もいなかったので、そういうことを思ってもいいのかわからなかったけど、少なくとも社会のなかで口に出したら、もうアウトだと思っていました。たぶん誰も味方してくれないだろう、と。

上野　男も女も味方してくれないだろうと思ったの？

雨宮　はい。上の世代の女ほど、「男の人は立てなきゃダメなのよ」みたいなことを言ってくるんだろうなと思っていました。田嶋さんをよくテレビで見ていた20代の頃、それまで生きてきて、ああいうことを言う女性が自分の周りにひとりもいなかったので。想定外の女性像でしたね。

上野　わたしはある時期からテレビを見なくなったので、彼女がテレビに出ているのをほとんど見ていないけど、毎回毎回めげずに出てきて怒りのパフォーマンスをしていたんでしょう。彼女からポジティブメッセージは受け取らなかったの？　活字じゃなく生身で出てくるって、やっぱり強いじゃない。

雨宮　すごいなとは思っていたけれど、最終的には、田嶋さんひとり対男性10人、みたいな感じでバカにされる。彼女の主張をしっかり聞くというよりは、ヘンなことを言っているオバサンをみんなで笑おうという空気のほうが強かった感じがします。

上野　ある時期から、フェミニズム＝田嶋さんという等式が成り立ってしまった。やっぱりメディアの影響はものすごく強いからね。ということは、雨宮さんたち団塊ジュニアにとっては、フェミニストというのは、ヘンなことを言って男に叩かれる女、というイメージになったわけだ。

雨宮　今思えば、田嶋さんは一種の見せしめだったと感じます。男社会に立てつくと、こんなことになるぞ、というような。

上野　本人ではないからわからないけれど、たぶん彼女はそれを承知で、メディアに出続けたんでしょうね。

雨宮　すごいですよね。今は本当に尊敬します。やはり確実に届いている層はいるという確信があったんでしょうね。

上野　２００1年の参院選に出馬して40万票を獲得した事実は、彼女の自信の裏付けにもなっていると思います。

右翼より遠いフェミニズムやエコロジー運動

雨宮　フェミニズムに関しては、今、すごく関心があるんですが、どこから手をつけて勉強すればいいのかまったくわからない。歴史的なことは、最近少しは知りましたが、80年代、90年代のフェミがまったく見えてきません。そのあたりはどうなっているのか、教えてほしいのですが。

上野　つまり雨宮さんにとっては、フェミは右翼ほど身近ではなかったんですね。

雨宮　右翼のほうが断然近いんですよ。なぜなら、サブカルの範疇に入っているから。でも、フェミニズムは真面目なほうの枠なので。

上野　エコロジー運動とか反原発運動をやっていた人たちとも全然接点はなかったんですか？

雨宮　まったくなかったです。というかエコを唱えている人は小金持ちで、フリーターで毎日マック食べていますみたいなわたしを、ゴミ扱いするんだと思い込んでいました。こんなもの食って、みたいに。オーガニックライフなんて、金持ちにしかできないじゃないですか。スカした人たちだと反感すら抱いていました。

上野　いったん接点を持った上で、嫌気がさしたの？

雨宮　まったく接点はないけれど、完全に脳内イメージで、あいつら絶対にそういうことを言いそうだ、と。自分たちは健康的でいいものを食っています、みたいな。「こっちは金がねぇから、そんなもの食えねぇよ」と思っていましたから。テレビや雑誌で、オーガニックとかロハスとかエコライフとか見て、「ケッ」と思っていたのは、本当はそういうことをしたくてしょうがないけど絶対無理、という屈折があったからでしょうね。住む世界が違いすぎて、あいつら階層が上すぎる、という感じでしょうか。反原発運動も、まったく接点がありませんでした。なんとなく、道ばたで鉢巻きを頭に巻いている怖いオッサン、みたいな。そんなイメージでしたね。ゼッケンとかつけて。

上野　チェルノブイリの事故が86年ですから、その後、けっこう反原発運動は盛り上がりましたね。88年の伊方原発出力調整運転試験の際は、反対運動に参加した人たちが現地に4万人も集まって、抗議集会をしたりもしました。

雨宮　わたし自身は、当時はまったくピンときていなかったですね。ひとつには、放射能や原発の話は、内容が難しい。

上野　専門用語もあるし、お勉強モードになる。

雨宮　はい。さらにフェミニズム運動をやっている人たちは、火炎瓶を投げている昔の新左翼より遠かった。一度も目撃したことがないし、現代社会のどこに生息しているんだろう、というイメージでした。

上野　オバサンたちは、全国で草の根のネットワークを山のように作っていたのよ。気づかなかった？

雨宮　気づきませんでした。もしそういう人たちがいると気づいたとしても、たぶん自分に関係があるとは思えなかった。女性の権利とか言われても、自分は権利を持っている女性のカテゴリーにすら入れてもらえていないと感じていたので。とくにフリーター後期はキャバクラで働いていたので、「社会的なセクハラ要員」みたいな。「女性」という言葉からして、自分より階層が上の人たちの集まり、という感じがして、「女性の権利」とか言われれば言われるほど、裏の世界のキャバ嬢の自分へのセクハラ被害がひどくなるみたいに感じて敵意さえもっていた。

〝座敷牢〟から出るために

上野　80年代の初め頃から、全国各地に女性センターという施設ができ始めたけど、まったく知らない？

雨宮　ぜんぜん知らないですね。

上野　公民館や女性センターを利用して、女性たちは小集団を作った。それを300グループ調査した結果をまとめたのが、わたしの『女縁が世の中を変える』（88年、日本経済新聞社／増補新版『女縁を生きた女たち』08年、岩波現代文庫）ですが、世間の目には入らなかっただけで、本当に全国津々浦々にありました。その人たちが何をやったかというと、職場からは門を閉ざされているし、家庭のなかに閉じ込められているし、社畜の夫はほとんど家にいない。主婦たちには、行く場所も居場所もない。だから自分たちで自分の出歩く先を作ったの。

雨宮　どんなことをしていたんですか？

上野　ママさんバレーや、子どもへの読み聞かせ、地域活動、エコ、学習サークル、反原発運動など。食べ歩きやツアーなどエンタメ系のものもあるし、もう、ありとあらゆること。調査して面白いことがわかったのは、高尚な目的のある社会運動系と、ただの食べ歩きみたいなお遊び系と、グループの助け合いの質にはほとんど差がないこと。しかも地縁・血縁ネットワークも解体し、息が詰まるような子育てのなかで、お互いに助け合う団結力は、お遊び系のグループのほうが高い。

雨宮　楽しいことでの結びつきのほうが強いわけですね。

上野　80年代初頭、わたしは京都で日本女性学研究会に参加していましたが、今でも忘れられないのが、女の人が自転車の買い物カゴに大根を乗せてやってきた。「どうしたの？」と聞いたら、「姑に、買い物に出るといって出てきました。だから、あまり時間がありません」と。なぜかといったら、「あんた、どこに行くん？」と聞かれ、「公民館の学習サークル」なんて答えたら、「あんたなんかが勉強して、なんになるん」と言われるから。

雨宮　恐ろしい。座敷牢みたいなものですね。

上野　そうそう。そういう時代に、全国で女の人たちが小さなサークルを作っていた。当時、外国から女性のお客さんがわたしのところに来ると、こんな質問をされた。「日本の女はどこにいるんだ。官庁に行っても、企業に行っても、街頭にもいない。どこにもいない」と。だから、「あんた、行く場所間違うてるわ。ここに行きなはれ」と、女性が集まっている場所を紹介した。わたしは「月の裏側」と呼んでいましたが。世間からはまったく目に入らないけれど、女性は自分たちで居場所を作っていたわけ。ものすごく活動的だったから、そういう人たちは「活動専業・主婦」とも呼ばれました。

雨宮　活動専業？

上野　専業主婦なんだけど、家事専業ではなく活動専業。調査してつくづくわかったのは、主婦の資源はなにかというと、まず時間資源。働かなくてすむから、ある程度、自由になる時間がある。それに夫の稼ぎで、そこそこだけど経済資源がある。当時はまだ、社畜＋専業主婦という家族形態がスタンダードでしたから。そしてあとひとつ、最大の資源は、夫の無関心・無干渉。そこで彼女たちは子育てをしながら、自分たちの出歩く先を作っていったわけ。「女縁」の話をある男性たちの集まりでしたら、「女房はボクの知らないところでこんなことをやっていたのか、と愕然とした」という反応が返ってきました（笑）。だから、本当に世間から見えていなかった。

雨宮　なんだか、秘密結社っぽいですね（笑）。

上野　その女たちが育てたのがあなたたち世代でしょう。自分たちのノウハウが下の世代に伝わっていないのね。

雨宮　わたしの世代には、フェミニズムは継承されていないと思います。ちなみにそういう小さな集まりのノウハウは、逆に『奥様は愛国』（北原みのり・朴順梨、14年、河出書房新社）に描かれているような、右翼的マインドの女性のほうが継承しているかも。

はじまりは愚痴のこぼし合い

上野　全世界的に見てリブが何から始まったかというと、英語でコンシャスネス・レイジング（意識覚醒）というんだけど、要するに愚痴のこぼし合い。それまで女が集まって、何が不満だとか、何が気に入らないといったことを口に出してよい場所がなかった。でも、その集まりに来ると「うんうん、そうそう」と、みんなうなずいてくれる。家のなかでは言えないこと、姑には聞かせられないこと、親にもママ友にも言えないことを、そこでは吐きだせる。みんな、家から這い出るようにしてやってきてウァーッと言い合い、「そうよね」と共感し合い、みんなで力を回復して、明日からまた頑張ろうと言い合って家に帰った。その当時、同世代の男が「キミたち集まって何をやってるの？ 傷の舐めあい？」って聞いたふうなことを言うから、「おうよ、傷の舐めあいで何が悪い、女は誰でも深傷《ふかで》を負っているんだ」と言い返しました。自分の怒りや不満を受け止めてくれる安全な聞き手のいる場所は、どんな時にも必要なことだとわたしは思うの。ものごとの出発点は、そういう居場所を作ることだ、と。

誰がそういう集まりを始めたかの調査もしましたが、最初に「この指とまれ」と言い出すキーパーソンがいる。当時はネットも何もない時代だったでしょう。どうやったかというと、手書きで「何日に集まって共同保育の相談をしましょう」といったビラを作って夜中に電信柱に貼ったり、口コミでこれと思う人にツバをつけたり。

雨宮　どういう人がキーパーソンになるんですか？

上野　転勤族の妻が多かった。一番、閉塞感を持った人たちね。地縁・血縁もないし、子育

て に力を貸してくれる祖母も近くにいない。そういうことをやってきた人たちが、ここにもあそこにも同じようなグループがあったと気づき、横につながる場となったのが、女性センターでした。京都の場合、年に1回、女性センターで「女のフェスティバル」が行われ、その時には有象無象の300くらいのグループが出てきました。でも当時も、若い女性はあまり来ませんでしたね。

雨宮　その理由は、なんだったんでしょう。

出産が目覚めるきっかけに

上野　女が愕然と「この状況はいったいなんなんだ」と気づき、目覚めるのは、たいがい出産後。当時は、女性は働けないのが当たり前だったから。働く女性は、職場の状況のひどさに不満だらけだったけれど、仕事が忙しくて時間の余裕がないし、少数派だったから。行政のやっている女性センターは9時5時オープン、働く女性は来られません。女性センターがアフター5や休日オープンに踏み切ったのはもっと後。80年代は女性の就労率が上がった時代だったのに、女性センターはその動きに乗り遅れましたね。それ以上に子育てをしてみて性差別を思い知らされる。密室育児で、夫は子育てに見向きもしないし、地域も解体している。追い詰められて、この子を殺してわたしも――という女性たちが当時はいました。コインロッカー・ベイビーズとか子捨て・子殺しが報道されましたが、子育て中の多くの女性が他人ゴトではないと思ったんじゃないでしょうか。それまで学校では、男女平等だと思って育っているのに、現実社会はまるで違う。

雨宮　そうか、出産がきっかけなんだ。

上野　女性たちに「生涯を振り返ってみて何が一番記憶に残る大きな出来事でしたか」と質問すると、ほとんどの女性が、結婚ではなく、最初の出産と答えます。出産は、女の人生をガラリと変えます。愛したはずの男がなんの役にも立たず、頬かむりすることがわかり、愕然とするわけです。

雨宮　その状況は今でもそう大きくは変わっていないはずなのに、なぜ今はそういう集まりが成立しないんでしょうね。

上野　わたしたち世代は決して若い人を排除した覚えもないし、むしろ、来てほしいと思っていたのにもかかわらず、継承できなかった。ひとつには、やはり「自己決定・自己責任」の論理が幅をきかせるようになったからだと思います。その一方で、結婚しない女、出産しない女も増えてきたので、女性の生き方の選択肢が増えたようにも見える。だとしたら、結婚するのも出産するのも「自己決定・自己責任」。だから自分たちで解決するしかない、というふうに追い込まれるのでしょう。

「自分たち」と言う時に、夫と自分しか当事者がいないのに、夫は子どもが産まれたからといって生活を変えない、あるいは、変えられない。でもわたしと同世代の女たちは、夫と闘った。闘って闘って、追い詰めた。

雨宮　で、男は変わったんですか？

上野　一部の男は変わりました。そして「男の子育てを考える会」とか「男も女も育児時間を！　連絡会」などが生まれました。でも、ほとんどの男は変わらなかった。それで女たちは、男を捨てたわけです。だからわたしの周囲は死屍累々、いちじるしく離婚率が高いです（笑）。

雨宮　「男も女も育児時間を」、今も変わらない切実な主張ですね。

日常を戦場にしていった女たち

上野　つくづく思うに、学生運動はどんどん遠隔目標を作り、一番遠いシンボルに革命という妄想があった。その革命という非日常のために、日常のすべてを犠牲にし、最後は死を賭す。だから何をやってもいい、テロも許されるという論理になっていった。それが男の抱いたヒロイズムだし、男というのはヒロイズムに酔いしれる生きものですからね。そして、その男のヒロイズムに巻き込まれる女たちがいる。男はヒーローになるのが好きで、女はヒーローの恋人になるのが好き。それで学生運動に女たちも入っていったけれど、その末路をとことん見た女たちが何を学んだかというと、ヒロイズムは女の敵だということ。リブの女たちは、非日常から日常を戦場にしていった。男どもは明日の解放のために今日の自己犠牲とか言うけれど、今日の解放がなければ明日の解放はない、と。わたしはそれが、フェミが日本の戦後の社会運動から学んだ最大の教訓だったと思います。

日常が戦場だというのは、「今日、誰がご飯作るの？」「子どものお迎えは誰が行くの？」という話です。それを本気でやって、ちゃんと男を変えた女もいる、男は言われなければ変わらない。要求されない限り変わらないから、要求しなければ決して変わらない。
　わたしの友人のひとりも、夫を追い詰めていき、最後に夫が悲鳴を上げて言った言葉が「ボクの責任ではないことでボクを責めないでくれ」でした。よくそこまで言わせたと思います。べつのある友人は、愛した男と結婚し、出産したうえで、密室育児のなかで追い詰められて、会社に行く前の夫の足に玄関でしがみついて、「行くなー！　わたしと子どもを殺す気か！」と言ったそうです。

雨宮　そこまで追い詰められていたんですね。

上野　そこまで追い詰められたというより、そこまで夫と対峙したと言ってほしいな。その夫は踏みとどまって会社を休んで、妻ととことん話し合ったそうです。その後、彼は会社を替わりました。その結果、給料は下がったけれど、夫婦関係はよくなったと彼女から聞きました。そういう女がいたのよ、わたしたち世代には。でも、今の女は本当に闘わない。夫とも闘わない。卒業した教え子の女子たちが、わたしのところに来てこぼすのよ。夫が育児になんの役に立たない。でも、言っても仕方ないし、もう諦めた。わたしたち、もう終わっているんですって。
　わたしはそれを聞いて、仰天するのよね。「あなたはすでに終わった相手と、これから後半生も一緒に過ごすのか」と。すると、黙り込んでしまう。「あなた、終わった男にこれからも股開くの？」と言うと、ハラハラと泣く。「泣くな。わたしに言うより夫に言え」と叱咤激励するんだけどね。あれは、なんなんだろう。男たちが、生身の女とつきあうのが面倒くさいと感じているのと同じように、女のほうも、相手に食い込んでいくような関係を持ちたくないんだろうか。男も女も、相手と向き合うことから逃げてるのかしら。

雨宮　どうなんでしょう。なんで相手にぶつけられないのか……。

上野　そこが本当にわからない。わたしの周りでも、妻がガーッと言うと、夫は嵐が通り過ぎるのをじっと待つ、といった感じで耐えている。そして妻が怒りくたびれてふーっと息をつくと、夫は「うまいもんでも食べに行こか」（笑）。最低でしょう？　そういう男は優しいんじゃなくて、パタンと耳に蓋をしているだけ。夫婦なんてそんなもんだと、男は侮っている。それでも女性たちの結婚願望はなくならないし、日常を戦場にしていったリブ魂はどこに行ったのか、と思います。

雨宮　リブやフェミを書いた本で、これぞ入門書というものはありますか？　たとえば小林よしのりさんの『戦争論』や『ゴー宣』くらい、ある意味わかりやすいものは。

上野　田中美津[*2]さんの『いのちの女たちへ——とり乱しウーマン・リブ論』（72年、田畑書店

／文庫版92年、河出書房新社／新装版01年、パンドラ）は今でも通用する古典ね。

雨宮　何年に出た本ですか？

上野　72年。連合赤軍事件の直後。あの報道を受けて胃がキリキリ傷む思いをしながら、必死で書いたそうです。当時わたしは関西にいたので、東京でウーマン・リブというものがあるらしいという風評くらいしか知らなかった。でも、書かれたものはメッセージとして伝わるから。それを読んで同時代に影響を受けた人もいれば、たとえば世代が違っても、後から読んで影響を受ける人もいる。でも今や、マンガやテレビの影響のほうが大きくて、活字文化はすたれてしまったのか、と。

雨宮　86年施行の男女雇用機会均等法や、90年代に表面化するようになったセクハラ問題など、女性をめぐるさまざまな動きのなかで、フェミニズムみたいなものがキーワードとしてもっと語られてもいい機会はいろいろあったと思います。でも、ことごとく何もなかったというのがわたしの印象です。

上野　わたしはいっぱい本を書いてきたんだけど、読んでもらえなかったのね（笑）。

雨宮　テレビとマンガにしか触れていなかったわたしにとっては、かすりもしなかった。それと、フェミニズムの集まりに行くと高学歴なオバサンに怒られるんじゃないか、というイメージもあって。繰り返しになりますが、右翼や左翼、オウム真理教より、遠い存在でした。本来だったら、地方から上京してきてひとり暮らしの女で、貧乏で、何も持っていなくて、そういう人間にとって一番必要なことだったのかもしれないのに……。

上野 確かに80年代から、女性センターのユーザーの高齢化が起きていました。若い女性たちは職業差別の問題なんかに直面していたのに、その受け皿になりえなかった。夫と子どもの留守にしか出歩けない「3時（が門限）のあなた」と、アフター5しか自由にならない働く女とでは、棲み分けが起きて、かすりもしなかったかも。

雨宮 お話を伺っていると、つくづくもったいないですね。

女性誌のリブ度が高かった時代

上野 実は80年代は、女性雑誌は商業誌であってもかなりフェミ度が高かった。『an・an』でセックス特集をやったり、なんといっても一番記念碑的なのが80年に始まった『モア・リポート』（83年、集英社）。『ハイト・リポート』（77年、パシフィロ）の日本版。

雨宮 なんですか、それ。

上野　こういうことが伝わっていないんだ。『ハイト・リポート』は、シェア・ハイトというフェミニストがあらゆる年代の女性から微にいり細にいり調査をして1976年にまとめた、性に関する女性の声を集めた本です。それまで語られることのなかった初めての女性版セックス・リポートということで注目されて、世界各国で翻訳された。そのなかにいくつかタブーを打ち破ったテーマがあって、オーガズム（性的絶頂感）を感じたことがあるか、オーガズムのふりをしたことがあるか、ふりをしていることをパートナーが気づいているか、という質問も反響を呼んだ。

雨宮　すごいですね。

上野　女性のマスターベーションについても初めて調査され、克明にリポートがあがっています。とても実践的だったので、ひと通り試してみました（笑）。それを日本でもやろうということで、1980年に『MORE』という雑誌が誌上でアンケートを呼びかけた。ちょうどわたしが女子短大で教えていた頃だったので、学生たちに『モア・リポート』を読ませました。学生さん、大感激して、「勉強しろよ」ってボーイフレンドに読ませたそうです。

雨宮　まったく知りませんでした。

上野　今でも忘れられないのが、「44歳の主婦」からの回答。娘が読んでいる『MORE』

をたまたま見つけ、自分は対象者ではないだろうけど、お答えしたくなったのでお届けします と書いてあり、生まれてこの方オーガズムを感じたことはない、と。でも、もし夫に、これまで一度も感じたことがないと伝えたら、夫は傷ついてダメージから立ち直れないだろう。今さらそんなことを夫には言えないので、わたしは一生、自分を封印してこのまま夫と性生活を続けるしかない。だが娘にはこんな思いをしてほしくない――。

雨宮　すごい話だ……。女性誌も頑張っていたし、女性からの支持もあったわけですよね。なぜ80年代にはそんなに自由な雰囲気があったのに、それ以降、続かなかったんでしょう。わたしは90年代、サブカル誌しか読んでなかったんですけど、そのころフェミニズム的なものの尻尾は、たとえばどういう雑誌を読めば辿りつけたんですか？

上野　それを言われるとつらい。結局、ミニコミ誌か書籍だったから。比較的商業メディアでも書いていたのは、小倉千加子[*3]さんかな。

雨宮　今はお名前を知っていますが、当時はまったく知りませんでした。

上野　小倉さんでも知名度がないのか。彼女が本を出した時、わたしは推薦文に「こんなに芸のあるフェミニストはいなかった！」と書きました。フェミニストはみんな真面目で、芸がない。正しいことを言っても芸がないから、伝わらない。若い人たちから「先生たちのところに、マンガ描ける人いないいんですか?」と聞かれたけれど、残念ながら「お字書き」しかできないのよ。

雨宮　今の女性誌は、「モテメイク」とか「ゆるふわ系で男の視線を集める」とか、そんなんですからね。その間に、いったい何があったんだろう。

上野　当時は「女の時代」などと言われ、女の自立がキーワードだった。それができると思われていたのは、やはり景気がよかったからでしょう。

雨宮　結局、経済状況や雇用によって影響される、ということですね。わたしが女性誌を手に取るようになったのはバブル崩壊後ですから、女性の自立なんてものは見たことがないです。

上野　その頃から、若い女性向けの雑誌は占いとファッションが中心になりましたね。結局、占いやスピリチュアル系に行って運命を他人任せにするか、男受けのする女子力を高めるかするしかなくなったのかしらね。

男の承認を求めるな

雨宮　当時の10代の女の子向けの雑誌は、初体験の告白のエグい記事が多かったですね。

上野　われわれ世代よりセックスのハードルが低くなっているからね。愛と性とは違うもの。だから愛がなければセックスできないなんて、ウソっぱち。だけどそれを分離したら、なにが起きたかというと、ろくでもないことが起きてしまった。愛を知るより前にセックスを知ってしまった子どもたちが大量に現れて、しかもそれがAVから学んだ最低のセックスだったりする。しかも初体験が知り合いによる強姦だという子がかなり多くて、本当にびっくりします。

雨宮　女が道具になっている。

上野　団塊ジュニア以降の女の子たちは、男が自分より優れているなんて、これっぽっちも思っていないでしょう。

雨宮　はい。

上野　そんなふうに自然な男女平等感覚を身につけた娘たちが、いったん男女関係になるとものすごく旧態依然なのに驚きます。若いDV男は後を絶たないし、女は男の顔色を見て過ごしている。男に承認されないと、自分の存在価値がないみたいに思っているし。何これ、と思います。

雨宮　そうですね。わたしはなかなかフェミと出会えなかったけれど、ライターの雨宮まみさんの『女子をこじらせて』（15年、幻冬舎文庫）の文庫版に、上野さんが解説を書きましたよね（『発情装置』〔98年、筑摩書房／15年、岩波現代文庫〕に所収）。それを読んで、「これだ！」と思いました。自分にピタッと来た。女は男並みに働いても認められないし、とにかくこの社会には女の居場所なんかないという「ウルストンクラフトのディレンマ[*4]」。あと、「手前勝手な男の欲望の対象になったことに舞い上がるな。男が与える承認に依存して生きるな。男の鈍感さに笑顔で応えるな。じぶんの感情にフタをするな。そして……自分をこれ以上おとしめるな」。上野さんのメッセージを読んで、こういう言葉が欲しかったんだと思いました。

上野　それまで、誰もそういうことを言ってくれなかったの？

雨宮　はい。むしろ若い頃は、「おまえの性をできるだけもったいぶって高く売りつけて、経済的に安定している男と結婚しろ」というメッセージを全方向から送られていた。

上野　男に承認を求めるなというのがフェミだったのに――。

雨宮　全女性誌、全メディアが、男に承認されないとおまえは価値がないということしか言っていなかった。

上野　わたしたちの時代もそうだったのよ。そこから抜け出すための葛藤と闘いをあれだけ経験したのに、その痕跡が何も残っていないのかと、愕然とします。

雨宮　最近になって『女子をこじらせて』の解説を読んで、どうして今までこの言葉に出会えなかったんだろう。なぜここまで時間がかかったのかと、すごくびっくりしたし、もっと早く出会いたかったと思いました。

右翼は形を変えた男の承認

上野　結婚というのは男による承認の一番わかりやすい社会的な形だけど、結婚以前に、男に求められることに自分の存在価値があるとか、男の承認が自分にとって必要だと感じていた？

雨宮　男全般に対しては持っていないです。

上野　そりゃあ、全般に対しては持たないだろうけど、特定の男が自分を選んでくれない限り、自分の存在理由がない、みたいな感覚は？

雨宮　それも、あまりなかったかもしれません。もしあったら、恋愛依存になっていたでしょうね。ただ右翼に行ったのは、屈折した形での男による承認願望だったかもしれません。右翼は男社会なので。

上野　日本会議系の女性団体で、なでしこアクションの女の人たちも、そんな気がしない？

雨宮　そうですね。「なでしこ」というネーミングも、すごく「男受け」しますよね。

自分も一時期右翼団体にいたので、彼女たちが理解できないでもない。つまり、もし右翼であることが彼女たちの承認の糧であるとしたら、それを奪ったら自殺しかねないと思います。

上野　確かにあれも、男による承認のひとつの形とも言える。

雨宮　しかも、国家がかりで承認してくれ、天皇にまで承認されているという幻想を抱くことができる。

上野　後ろに金屛風があるわけだ。

雨宮　わたし自身、自分が右翼にいた頃に国旗・国歌法が成立したので、国からも皇室からも承認されているような気がして、心安らかな状態でした。右傾化が心地よかったけれど、逆にそれがやばいと思ってやめたところもあります。

上野　疑問なのは、男社会からの承認が必要だということは、自分は男よりも二流の存在だと認めることになるでしょう。それは、あなたたち世代の女の子たちの自然な平等感覚に抵触はしないの？

雨宮　わたしの場合は右翼にいた頃は、日本に住んでいるというより、〝大日本帝国〟に住んでいる感じの価値観でしたから。

上野　出島とか疎開地にシェルターを求めるみたいな感じね。

雨宮　はい。精神的には、日本国憲法は存在せず、大日本帝国憲法でしたね。そういう仕掛けをしていくと、自分を正当化しつつ承認できる。手が込んだ承認の仕方ですが、自分が生きるために必要だったからしようがない、という感じでした。

上野　とても納得できる。見事な分析だと思います。それにしても、われわれ世代が活動をして作り上げた家庭のなかで、こういう娘たちが育ったのかと思うと——母親の怨念が次の世代への期待へと変わり、結局は娘を逃げ隠れできないくらい追いつめたんだなと感じます。

団塊世代の「活動専業・主婦」は、結婚していたからこそ得られる自由があった。それは夫婦関係が良好であることを少しも意味していないし、夫と終わっているからこそできることでもあった。そういうことを敏感に気づくのは子どもですからね。

雨宮　もし当時、自分の母親が夫のいない隙を狙ってフェミニズムっぽい地元サークルとかにかかわっていたら、ものすごく母親をバカにしたかもしれません。

上野　確かにわたしの友人を見ていても、「活動専業・主婦」の娘たちは、母親にすごく批判的です。お父さんがかわいそうだって。

雨宮　わかります。絶対、そうなると思います。わたしも、もし母親がそういうことをやっていたら、扶養されているくせに勝手に甘えてるだけじゃないかと批判したでしょうね。

上野　半端な生き方と言えば半端なのよ。そこを娘は見抜いてしまう。

雨宮　母親にしてみれば、そこを突かれるのが一番きついでしょうね。

上野　そういう母と娘を見てきたから、娘の親というのはキツイなぁと思っていました。10代の娘を育てるというのは、懐にトゲを抱いて生きるようなものだ、と。それからハッと自分が娘だった時のことを思いだして、お母さんには本当にかわいそうなことをしたと思ったわね。

フェミニズムの功績

雨宮　フェミは継承されなかったということですが、わたしたちの世代は、何か具体的な恩恵は受けているんでしょうか。

上野　ゼロではありませんよ（笑）、いくつかはあります。たとえば介護保険法を作って、ない時よりはましにしたとか、セクハラやＤＶを我慢しないですむようにした、とか。

雨宮　それは大きいですね。

上野　わたし自身に関して言えば、家事が「不払い労働」であることをあきらかにしたこと（『家父長制と資本制』91年、岩波書店／09年、岩波現代文庫）とか、「おひとりさま」（『おひとりさまの老後』06年、法研／11年、文春文庫）が大きい顔をできるようにしたこと。わたしの世代でおひとりさまは超レアですし、これまでは「嫁《ゆ》かず後家」とか「オールドミス」とか言われてさんざん差別されてきたから、誰のおかげで楽になったんだよと言いたい気持ちは少しはあります。セクハラやＤＶもそう。職場でのお茶くみだって、どうでもよいことのように思われるかもしれないけれど、お茶くみ反対闘争をして、頑張ってきた女の人たちがいて初めて、今がある。

雨宮　そういう運動は、何年くらいに繰り広げられていたんですか？

上野　主に80年代。女性の勤続年数が長くなってきたからです。女の子が使い捨てされ数年でやめていく時代には、セクハラやお茶くみも当たり前だったけれど、居着くようになったら、こんなの我慢できないと思うようになった。「セクシャル・ハラスメント」という言葉が新語・流行語大賞の新語部門で金賞をとったのは89年で、それ以降、セクハラの告発や訴訟件数が増えています。

94年には、京都大学・矢野暢《とおる》事件があって、日本の大学における初めてのセクハラ事件として話題になった。セクハラの加害者はほとんどリピーター、矢野さんはそれまでも女性秘書を採用するたびにセクハラをしていたことがわかりました。でもセクハラ被害者は孤立して喋らないから、自分だけそういう扱いを受けたと思ってしまう。ある時、秘書の大量退職をなだめて戻すために先輩の元秘書が若い秘書に話に行き、そこで後輩も同じ目にあっていたと気がついた女性が京都の弁護士会に人権救済申し立てしたことで明らかになりました。

セクハラをする人間は、同じことを繰り返す。ところが昔の女は我慢したけれど、今の女は我慢せずに告発する。すると加害者はどう思うかと言えば、ボクちゃんは同じことをやっているだけなのに、何が悪いの、と茫然自失する。だから女が変わっていったわけね。わたしはそれを女の受忍限度が下がった、と表現したら、あるメディアに「女の我慢が足りなくなった」と書かれました（笑）。たしかにそうには違いないけれど。

雨宮　セクハラを我慢する必要はないですからね。

上野　フェミという名前はついていないけれど、フェミニズムがなければ女性のそういう変化は起きなかった。それは功績と言えば功績だと思います。

雨宮　そうか、なるほど！　確かに恩恵を受けていますね。

上野　東京の地下鉄駅構内で「痴漢は犯罪です」というポスターを見た時の感激ったらなかった。知人からすさまじい話を聞いたもの。その人はかつて首都圏の名門女子中・高に通っていた時、女の先生から「みんな～顔を伏せて、このなかで痴漢に遭ったことのある人は手を上げて～」と言われて、ドキドキして手を上げようか上げまいか悩んだ、というの。なぜ悩んだか。一度も痴漢に遭ったことのない自分は、女として値打ちがないんじゃなかろうかと思った、というの。そういう時代があったのよ。

雨宮　そう考えるとわずか一世代で、男はともかく、女性の側の感覚は大きく変わりましたね。

ハラスメントには細心の注意を

上野　雨宮さん、ちょっと聞いてもいい？　あなたの話に登場する貧困な人の例は、男性が多いし、一緒に運動をしているのも男性が多いでしょう。わたしがフェミニズムをやってきたのは、男性と一緒に運動をやるとストレスが多いから。言語圏が違うし、面倒くさいし、いちいち神経逆なでするし。男の人と一緒に運動をして、鬱陶しく感じることはないんですか？

雨宮　わたしの周りの貧困問題に取り組んでいる活動家は30代、40代がメインですが、20代の人もけっこういます。そういう男性はジェンダー意識もすごく高いので、嫌な思いをしたことはないですね。ただ、そこに昔ながらの労働組合のオッサンが入ってくると、時にセクハラ的な発言や振る舞いが垣間見えることもあります。

上野　それは、世代差なのでしょうか。

雨宮　それもあるでしょうね。あと、貧困問題の活動家は、ものすごく弱っている状態の人と接することが多いので、かなり気遣いがあると思います。それに、たとえば年末年始に家がない人をシェルターにつなげる「ふとんで年越しプロジェクト」という活動があるのですが、ボランティアとして参加すると、こういう行為はハラスメントに当たるから支援者同士・対当事者でこういうことはやめましょう、という注意書きが配られます。

上野 そこまで慎重にやっているんだ。

雨宮 はい。あと、支援される側の人からいろいろ要求された場合は、こんなふうに助けを求めましょう、とか。活動家同士、また対当事者との間でハラスメントがないよう、徹底して配慮していて、それがちゃんとノウハウとして紙で配られる。当事者のなかには、支援者の女に言えばヤラせてくれる、みたいに勘違いする人も本当にたまにですがいるので。実際わたしも、知的障害のあるホームレス状態の若い男性に「ヤラせてくれないのか」と追いかけられてショックを受けたことがあります。そのこと自体もショックでしたが、何がショックかというと、自分のなかに、当事者は清く正しい貧困者でいてほしいという気持ちがあったことに気づいたから。

上野 障害者に対しても、健常者はそういう思いを抱きがちですよね。清く正しい障害者でいてほしい、と。

雨宮 自分でも、そのことに気づいてショックでした。でも、そういうことがあったら、嫌なことはちゃんと嫌と言えばいい。普通にわかってくれるので、わかってくれなかったら、周りの支援者に言えばいい。トラブルがあった時の対処法がちゃんとできている。

上野　活動家同士でのハラスメントはないということだけど、リーダーシップは男性が取りがちじゃない？

雨宮　それは確かにあるかもしれません。

上野　わたしが活動をともにしている仲間はほとんど女性です。女性だけでやるってこんなに快適なのかと、ある時期気づきました。

雨宮　わたしは女性だけでやったことがないので。貧困現場は、やっぱり女性は少数派ですから。ただ、最近女性だけの活動の場に行ったら、確かにすごく居心地がよくて、こんなに楽なところがあるのかと思いました。共通言語があるというか、いちいち説明しないですむ。今後その快適さに目覚めたら、男性リーダーの現場に戻ったらウザく感じるかもしれません。

上野　両方の現場に顔を出して、「バイリンギャル」になればいいじゃない。

ぶち壊す男も、迎合する女もイヤ

上野　うちで時々〝女子会〟をやるんだけど、男連れでいいかと聞いてくる人がいます。その時は、「勘弁してね」とお断りする。なぜなら、男が一匹いるだけでぶち壊しになるから。勢いのある男は自慢し続けるし、勢いのない男は愚痴り続ける。どっちにしても、場を仕切ってしまう。

雨宮　うるさいですよね。

上野　しかも、男に対して反射的に迎合する女がいるわけ。

雨宮　わかります、わかります。無視していればいいのに、気を使って相槌打ってあげたり盛り上げたりして。

上野　それを目の前で見るのが不愉快なのよ。男もイヤだし、迎合する女もイヤ。それだけでうまい飯がまずくなる。

雨宮　男はたいてい、自分語りを始めますよね。

上野　自分のことしか言わない。それがエンタメだと思っている。想像力がなくて、他人に関心がない生き物だからね。延々と自分のことを話し続けた挙句、「キミ、自分のことは言わないね」とか言う。だけど、「あなたが聞かなかっただけでしょう」と思う。聞けば答えてあげるのにね。

雨宮　そういう意味では、貧困の現場で活動している男の人たちは、控えめな人が多いですね。本当に傷ついてすべて失った人たちに対して、普段から低姿勢でやさしく、「どうしました？」と相手から聞き出す訓練をしているからなんでしょうか。いわゆる「俺が、俺が」みたいな人はほぼいません。

上野　社会学者はいろいろな人から話を聞き出す仕事ですけれど、相手が男性で弱者の立場にいる場合、男の研究者に対してはあまり話したがらない場合もあります。大学教授の名刺なんて持っていったらアウトです。その点、女性研究者のほうがうまくいくケースが多い。そう考えると、貧困の現場の活動家は、相当訓練を受けているようですね。

「知らなかった」ではすまされない

雨宮　2年くらい前、先ほど（第2章）も話題に出た、松井久子監督のドキュメンタリー映画『何を怖れる――フェミニズムを生きた女たち』を見ました。その後、上野さんと福島みずほさんの対談も聞いて。フェミの人たちがあれだけ運動を繰り広げたのに、なぜ継承されなかったのか、改めて、どう思いますか。

上野 じゃあ、もっとメディアを利用すればよかったのかしら。でもテレビを使った田嶋陽子さんの戦術は、逆効果だったとも言われたし。そもそもメディアはオッサンの世界だからね。

雨宮 過労死で自殺した電通の女性社員も、上司から「女子力がない」とか言われていたみたいですし。そういうところは、変わっていませんよね。

上野 卒業生の女子に「お茶くみやっている?」と聞くと、「やっていません。みんなセルフサービスです」という答えが返ってくる。それは誰のおかげだと思う? でも、あなたがやらなくてすむようになった代わりに、一生お茶くみやコピー取りばっかりやらされる女もあなたの会社にいるでしょう、と。ずっと下働きばっかりやらされる女性も現れてしまったのよね。結局、どちらかしか選べない。ブラック企業並みの働き方を男と同じようにするんだったら男同様に処遇してやるという無茶ぶりを受け入れる女か、非正規の使い捨て人材か、ふたつにひとつ。東大卒女子の電通社員、高橋まつりさんが過労死したけれど、90年代初めにも、銘柄の都市銀行で女性総合職が過労死しました。その時、わたしは「男もすなる過労死というものを女もすなる」時代が来たかと思った。わたしたちの世代は働きたくても働く場がなかったから、働きたいと言ってきたけれど、まさかこんな働き方を望んだわけではなかったのに――。

雨宮　そうですね。

上野　わたしは80年代に「おんな並みでどこが悪い」という論文を書いています（『女という快楽』〔86年初版／06年新装版、勁草書房〕所収）。男並みになりたいなんて、これっぽっちも思っていない。頑張って初めて解放が得られるのではなく、普通の男が普通に生きているんだから、普通の女が普通に解放されて何が悪いと書いた。男女雇用機会均等法ができてただちに総合職と一般職のコース別人事制度が導入された時、これはおかしいと思った。じゃあ娘たちに、なんと言うのか。頑張って総合職になって歯を食いしばって働けというのがフェミニズムが取るべき道ではないと、直観的に思った。こんなバカなことがあっていいはずがないって。でも結局、その通りのことが起きて、しかも過労死する女性まで出てきた。

雨宮　一方で、非正規雇用の女性は普通に働いているだけでほぼ確実に貧困に陥る。どちらも幸せになっていません。

上野　本当におっしゃる通り。つくづく、こんなはずじゃなかったと思うけれど、節目節目に何が起きてきたかを事後的に検証すると、あぁ、あの時これがあった、しまった、と思うことばかりなのよね。座視していた、知らなかったとは、今さらわたしたちの年齢では言えないのよ。知らなかったではすまされない。じゃあ自分に何ができたかというと、闘わなかったわけではなかったけれど無力だった。もう、やられっぱなし、という感じがします。

雨宮　本当にそうですね。

上野　なんでこうなってしまったのか。おまえたちに責任があると言われたら、「ごめんなさい」と謝るしかない。20年前、当時も問題だらけだったけれど、20年後にはもう少しましになると思っていたのよ。政治ももっとリベラルになると思っていたし、グローバリゼーションも、もう少しいい方向に進むだろう、と。それが20年たって、まったく逆の方向に進んだからね。

振り返ると、わたしたちは若い頃「こんな世の中に誰がした」と声をあげた。一番大きな対立は世代間対立で、あのバカげた戦争をなぜお父さんたちは止められなかったのかと、世界中でベビーブーム世代は親世代に対して異議申し立てをやった。でも今度は、自分たちが責められる立場に立っているわけじゃない。こんな世の中に誰がした、と。

雨宮　誰も責めないですよ。みんな、自己責任で自分のせいにしてますから。

上野　わたしたちが若い頃は、責める相手があるだけ、まだましだったのかもしれない。それだけ生きる力、気力があるということだから。自己責任で自分を責めるしかない子どもたちを育ててしまったとしたら、つらいですね。

男を黙らせる方法

雨宮　ところで、ぜひ上野先生に教えてもらいたいことがあります。わたしが女性の権利云々というと、上の世代だけではなく同世代の男にも、「おまえは女の本当の幸せを知らないからだ」と言われます。そういう人を黙らせるには、どうしたらいいんでしょう（笑）。

上野　そんな化石的な発言が50年間変わっていないのかと、びっくりするのを通り越して、爆笑するしかないね。あの頃も男たちはほとんど同じ発言を、フェミニズムやウーマン・リブの女たちに対して言っていた。「あんた、いい男に出会っていないんだろう」「今までつまらない男ばっかりに会ってきたんだろう」って。やつらは、女の幸せは男次第だと、固く、強く思っている。男なしでは女は生きられないと思っているんだね。そして、「女一匹支配できずになんの男ぞ」という気持ちもある。女一匹所有することが、男であることの証明だ、と。

雨宮　恐ろしいですね。

上野　だからわたしは『おひとりさまマガジン』（08年、文藝春秋）のあとがきに、先ほども触れた「月の裏側」という比喩を用いました。男抜きで、女がどれだけのびのびと暮らしているのか、男たちは想像することができない。絶対に見ることのできないのが月の裏側だ、と。あんたなんかがわたしの幸福の条件ではないと、どれほど多くの女が言ってきたか。でも、男が女の幸せの条件だと思わないと自分の男性性の核が崩れるから、受け入れられないのね。

雨宮　かわいそうですね。

上野　結局、男のほうが、女に依存せずには生きてはいけないと言っているのと同じなんだよ、その台詞は。女に選ばれないことが、男にとってアイデンティティ・クライシスになるわけだから。

雨宮　そうか。「あんたのほうが女に依存している価値観だ」と言い返せばいいんですね。

第7章

「みんなが弱者」の時代に わたしたちができること

SEALDs による国会前でのデモ（2015年 5 月）

やっと解けた40年の呪縛

上野　ここまで述べてきたように、団塊ジュニアの貧困や生きづらさは、人災だとわたしは考えています。人災を変えるには、政治を変えるしかない。今、一番の課題は、世代間格差も世代内格差も含めて、再分配を考えなくてはいけない。再分配を考えるというのは、なにも利他主義というわけではありません。社会全体が、格差が大きくなればなるほど非効率になり、次の世代にツケを回していくという困ったスパイラルに陥るからです。その状態に対して警鐘を鳴らしている人は大勢いますが、日本の政治は再分配を考慮するヨーロッパ型ではなく、格差拡大を許容するアメリカ型に舵を切ってしまった。そのため、ますます格差が拡大しています。それを何とか方向転換するには、政治を変えるしかありません。

団塊ジュニアの政治参加に関しては3つの謎があります。この謎を、あなたに解いてもらいたい。

謎その1。2015年の夏、国会前で街頭行動がありましたが、ああいう行動が40年間見られなかったことも含め、非常に長期にわたって政治に対する冷笑的な態度、シニシズムが続いてきた。そのど真ん中の世代が雨宮さんたちですよね。

雨宮 はい。

上野 小林よしのりの影響を受けて、「純粋まっすぐ正義君」を冷笑した世代と言ってもいい。冷笑した元の原因を作ったのは、謝らなくてはいけないのですが、団塊の世代です。というより、全共闘世代。当時の学生運動の惨憺たる末路、とくに連合赤軍に象徴されるような末路をたどったので、あいつらは愚か者だ、あんなバカなことは自分たちはやらないよという気分を味わわせたのは、わたしたち世代の責任。その後に突然、40年間の中断を経て登場してきたSEALDs*1の世代は、あなたたちより一世代若い。中間の世代がすっぽり抜けていることに対して、どう思っているのかをお聞きしたい。これが第1の謎。

雨宮 火炎瓶の作り方も、投げる先もわからなくて自傷に向かったのが、自分の世代の特徴かと思います。わたしたちは、「若いヤツが政治や社会のことについて考えるとろくなことにならない」と言われてきた。寝た子を起こすな、と。傷ついて何かトラウマを抱えていろいろ隠したい大人たちが必死で何かを消そうとしている、というのはすごく感じました。

上野 それはわかるし、それを言われると、わたしたちは謝るしかない。ちょうどわれわれの親世代が、戦争体験、とくに加害体験を子どもに語らず沈黙したのと同じでしょう。それだけわれわれの世代はトラウマが深い。ある団塊ジュニアの若者に言われたのは、「親はあの当時、何かやっていたらしく、活動家同士で結婚したらしいけれど、オヤジとおふくろを見ていたらとてもそうは思えない」と。日常生活や親子関係から、子どもはそう感じているようです。

雨宮 何か問題に直面し、社会の問題じゃないかというと、「社会のせいにするな」と言われ続けてきた。社会との回路が断たれているなかで、100%自己責任とされる状況で生きてきたので、社会の問題とからめて考える発想がそもそもないですね。それが東日本大震災や原発事故という大災害によって、一瞬で解除された。政治はリアルに自分たちを脅かすもので、とてつもない嘘をつく。政治も大人もメディアも信用できないと若者たちは皮膚感覚で知った。その上、生まれた時から失われた20年という右肩下がりの時代で、展望もない。3・11という大災害と40年という時間を経て、ＳＥＡＬＤｓがやっとその呪縛を解いたのかなと感じました。

上野 それは痛感しますね。呪縛を解くのに、40年もかかったのか。40年の眠りを覚ますには、あの3・11という激甚なショックがないとできなかったのかと、愕然とします。

雨宮　わたしたちの世代だと、連合赤軍や70年代の話は、生まれていないけれど知っている。だから左翼アレルギーみたいなものもあると思います。でもＳＥＡＬＤｓの世代は、連合赤軍アレルギーとか言われても、「はぁ？」みたいな感じでしょう。やっと呪縛から解放されてよかったな、と思います。

無力ではなかったが非力だった

上野　ＳＥＡＬＤｓは、安全保障関連法などに反対するために、２０１５年に学生たちが結成したものです。わたしは彼らの言動には、実は涙がウルウルするくらい感激しました。

雨宮　国会前で上野先生が目をうるませているのを見ましたよ。

上野　わたしたち世代は、上の世代とは対決するものだと思っていましたから。大学闘争でも教師相手に団交してきましたし。当時、ドント・トラスト・オーバーサーティ、30歳以上は信用するな、と言ってたものです。ところがＳＥＡＬＤｓの若者たちがスピーチで何を言ったかというと、「戦後70年、殺しも殺されもしない時代を続けてきてくれたのは、皆さん方、先輩のおかげです」「70年間、憲法を変えずに守ってきてくれたのは先輩のおかげです」、とも言っていました。

雨宮 本当にできた若者たちだと思います。すごい人たらしというか、団塊キラー(笑)。あれを聞いて泣いている人たち、大勢いましたよね。

上野 20歳になるかならないかの女の子が、「次の戦後70年をわたしたちは迎えたい」と言った。あれも、すごいな、と思いました。そうか、この子たちはこんな歴史意識があるのかと、感心しました。

雨宮 「日本の戦後教育は間違っていなかった。なぜならこういう声を上げるわたしたちを作ったからです」、とSEALDsの大学生が言っていたのも聞きました。学校の先生とかが聞いたら、一瞬で泣くでしょうね。どこでそんなことを学んだんだろう。〝団塊たらし〟の技がすごい! 普通、若い人の運動は上の世代の否定から入るじゃないですか。大人のくせに選挙に行かずに何やってたんだ、こんな社会にしやがって、みたいな批判が来るかと思って身構えていたら、どんどん褒め殺していくから、みんなどんどんほだされていった。

上野 そうなの。わたしも、思わず「生きててよかった」と口走ってしまったもの(笑)。自分の目の黒いうちに、若者と高齢者が共闘する姿を見るとは夢にも思わなかったから。でもね、あなたたちも40過ぎたら、後から来る世代に詰め寄られてしかるべき側なのよ。

雨宮　そうですよね。ただ、詰め寄られる40代が非正規雇用第一世代で、結局、今の20歳ぐらいの人とたいして変わらない賃金で働いている人も多い。そう考えると、ある意味免責されるかもしれません。もしわたしが詰め寄られたら、「運動してきたけれど何も変わりませんでした」という言い方しかできない。

上野　わたしも、詰め寄られたら、「決して座視していたわけではありませんが、微力で申し訳ありません」と言うしかない。無力ではなかったが、非力でした、と。

小泉政権に騙された？

雨宮　上野さんが団塊ジュニアはあまり社会運動に参加しないし、声をあげない世代だとおっしゃいましたよね。わたしたち世代は生活でいっぱいいっぱいだったので、社会との接点を失ったのも理由のひとつだと思います。自分たちが当事者なのに、自分の問題が政治と関係があるという発想がない。だから２００５年の小泉郵政選挙の際も、フリーター層はこぞって小泉自民党に投票した。実際、周りでもそういう人が多くて「あちゃー」と思いました。

上野　フリーターの人たちは、小泉さんに何を期待したの？

雨宮　正社員という既得権から、雇用のパイなど、自分たちのために何かを奪ってくれるという幻想を抱いたと聞きます。

上野　そうか。既得権益をぶっ壊す、自民党をぶっ壊す、と期待したのね。

雨宮　自分たちの味方になってくれると勘違いしたんでしょうね。

上野　でも小泉さんに裏切られた感はないの？

雨宮　あります、あります。04年の小泉内閣の時、製造業派遣が解禁になり、本当に怒濤のような雇用破壊が若者を直撃し始めます。だけど、当時はそれが政治の問題だと気づいていなかった。あぁ、こういうことだったのかと、06年頃になってやっとわかったわけです。

上野　だって小泉構造改革のど真ん中にネオリベ急先鋒の竹中平蔵がいたって、知らないの？（笑）

雨宮　そうですよね。でも、当事者はネオリベという言葉の意味も、竹中さんの名前も知らない人が多数でしょう。

上野　竹中平蔵さんは政界を退いてからパソナの会長になったでしょう。自分で規制緩和して、その規制緩和で成長した人材派遣業界の大手企業のトップになった。なんて首尾一貫した人だろう、と感心しました。エコノミストはこうでなくっちゃ（笑）。ということは、あなたたちは小泉さんに騙されたの？

雨宮　期待した人は騙されたんだと思います。小泉さんはメディアで人気があったし、「ぶっ壊す」という言葉が、まるで既得権を全部取り払うと言っているように聞こえたので。持たざるものにもおこぼれがくるんじゃないかと、みんな錯覚した。メディアが作るイメージから、自分に都合のいいところだけ切り取ったのだと思います。でも、後になってインテリの人たちが、おまえらはバカで貧乏だから騙されて小泉に投票したんだ、みたいなことを言ったりもした。そういう言い方はひどいですよね。すごく差別的だと思いました。バカで貧乏なやつは投票行くな、みたいな。そこでまたリベラルな人が嫌いになった人もいる。

上野　最近、安倍首相が「女性活躍社会」とか「女性が輝く社会」などと口にするでしょう。すると若い女性は、自民党の政治家のなかで女に理解があるのは安倍さんくらいだ、という印象を持つようです。なるべく長く安倍さんに政権の座にいてほしいという20代の女性に会いました。ワンフレーズ・ポリティクスで騙される。

雨宮　確かに安倍さんはふんわりしていて、マッチョなイメージではないですからね。政治家をイメージで判断し、自分に都合のいいところだけを切り取って支持をする。別にその人の発言を検証しないという人は、かなり多数派かもしれません。

上野　ポピュリズムは、そういう人たちによって支えられてきたのか。

雨宮　20代の投票率が高いようですが、自民党に入れる人が多いですからね。政策を吟味するわけではなく、メディアでおなじみの人を選びがちでしょう。

上野　18歳選挙権が成立する前に、京大生とのワークショップがあり、ふたつのお題を出しました。ひとつは、若者の投票率を上げるには何をしたらいいか。もうひとつは、もし若者の投票率が上がったら、そのことによる効果は何か。投票率が上がったらどういう効果があるかについては、すでに答えがあった。14年の都知事選の際、20代有権者の5人に1人は、元自衛隊の航空幕僚長だった田母神俊雄に投票したんです。

雨宮　「選挙に行こう」と呼びかけるのが、ちょっと危険な気さえしてきますね。実際わたしも小泉郵政選挙の際、「選挙に行ったほうがいいよ」と周りの人に言ったら、ほぼ全員、自民党に入れました。そうなると、たとえば憲法改正国民投票をやろうとなったらどうなるのか。かなり怖いです。

若者とフェミニズムはなぜ共闘できなかったのか

上野 ロスジェネの男たちは、フェミニズム叩きをする人も多い。ネットのなかでのフェミニズムバッシングも、団塊ジュニアの男が多いと感じます。本来、割を食ったロスジェネと女は共闘できるはずなのに、対立関係になっている。なぜ若者とフェミニズムが共闘できなかったのか、これが第2の謎。

雨宮さんの個人的な体験でいうと、あなたは火炎瓶を投げる代わりに自傷に走り、その次に右翼に向かった。右翼のなかには、必ずミソジニー[*2]があるはずでしょう。リブの女は、新左翼の運動のなかで女性差別に深く傷ついた女たちだから。なでしこアクションの女たちから、右翼リブが生まれないか、期待しているんだけど（笑）。

雨宮 それは難しいでしょうね。わたし自身は、右翼云々以前に、この社会で生きるには女性であるがゆえに差別されたり、嫌な思いをしたりすることを受け入れ、諦めることでしか生きられないと思っていたので。それに対抗するのではなく、むしろそれをいかに利用するかしか考えてなかったですね。それくらい、当時は男性に対して諦め尽くしていた。女性差別は、何とかできる問題であるはずがないと思っていました。

上野 学校で男女平等教育を受けていても？

雨宮 平等教育を受けてきたし、男性が偉いなんてまったく思っていないけれど、男を立てるそぶりを見せなくてはこの社会では1秒たりとも生きていけませんよというメッセージを強固に受けていたし、実際そうだったので。

上野　そうか。学習して適応しちゃったんだ。

雨宮　そうですね。右翼に入りつつキャバクラで働いていたので、「女」を演じることは、生きる上で当たり前の作法というか。その上、キャバクラに来るオッサンたちは援交女子高生を買っている。そういうなかで生きていると、変えられることを期待もしなくなる。

上野　リブの世代の女たちは、そういう意味ではまだ楽天的でいられたかも。闘えば変えられると思っていたから。

雨宮　わたしたち世代は、闘っても変えられなかったということが連合赤軍とかで証明されているじゃないか、と悟ってもいましたから。

政治的リーダーの不在

上野　3つ目の謎。政治的リーダーシップの問題です。団塊ジュニアから、どういう政治的求心力が生まれるのか、政治的リーダーとしてどういう人が登場するのか、すごく注目しています。というのは、団塊世代の政治的リーダーシップは、すでに終わってしまったからです。団塊世代の政治家といえば、菅直人さんが典型。市民運動出身で、鳩山由紀夫さんみたいな政治家ジュニアではないという意味でも、団塊の世代らしい政治的リーダーでしたが、あっという間にこけて世代交代した。これはもう、戻ることはないでしょう。団塊の世代の政治的リーダーシップは、その程度だった。今の政治的リーダーシップは次の世代の安倍晋三とか前原誠司とかに移っています。その次の世代の団塊ジュニアの政治的リーダーシップはどういう人がどういう求心力を持って登場してくるのか、あなたに聞きたい。

雨宮　団塊ジュニアは今まで、貧乏くじ世代とか、ロスジェネ、非正規率、自殺率が高いなど、マイナスイメージしかありません。それを背負って代弁してくれる人が支持されると思いますが、具体的には誰と思い浮かびません。ひとり思い浮かぶのは、リサイクルショップ「素人の乱」をやっている松本哉《はじめ》さんでしょうか。原発やめろデモを呼びかけたり、貧乏でも生きていける、みたいな運動をしている。16年には、高円寺で「NO LIMIT 東京自治区」というイベントをやっていて、そこには台湾や韓国、香港、中国など東アジアの若い人たちも数百人単位で集まっています。どこの国の政治もしようがないし、今の資本主義にはもう乗っていけないので、自分たちで連帯して自治区を作っていこう、と。そういう動きには意味があるように思います。ただ彼は政治家を目指すとかではなく、自分のライフスタイルをめぐるムーブメントを作っている。それも新しいやり方かなと思います。

上野　自治区やオルタナティブを作るのももちろん大事だけど、やっぱり政治は一番巨大な資源なので。民主主義はひとり一票ですから、ニートでもフリーターでも逆転の可能性がある。そういう意味で、40代から、政治的求心力を持った人材が出てきたらいいのにと思います。

雨宮　世代的にこれだけ問題を抱えているのに、しかもそのほとんどが政治問題と言ってもいいのに、それを背負って代弁する人がいない。これも、この世代の特徴かなという気がします。

上野　じゃあ、団塊ジュニアは中抜きされて、一気にSEALDs世代に移行してしまうのかしら。

雨宮　たぶん30代だったら、若者の問題と言えたので、この問題を掲げて政界に行こう、みたいな気運が生まれてきたかもしれません。でも団塊ジュニアも中年になり、自分たちをどう名づけ、どう位置づけていいのかわからない。ロスジェネも2007年くらいの言葉だし。若者の問題ではなく、違う問題として立て直していくべき時だと思います。でも、「中年」

ってなるとなぁ……。どうなんだろう、難しい。前、北田暁大《あきひろ》さんと対談した時に、「SAVE THE 中年」ってどう、みたいな話になったんですけど（笑）。

人を信じないと社会運動はできない

上野 世論調査では、まだ護憲派が改憲派を上回っています。それは、今はまだ戦中派が生き残っているからかもしれません。戦争の記憶を持っている人たちがいて、その人たちは、国民投票をやるなら自分たちが生きている間にやれ、と思っているでしょうね。わたしは「選憲論」（『上野千鶴子の選憲論』15年、集英社新書）を唱えてきたけれど、国民投票は危険すぎる賭けだとも言われてきました。なぜなら有権者は、ポピュリズムに流されるから、と。でも人を信じなければ、社会運動なんてできない。

雨宮 そう思います。

上野 われわれは決して多数派にはなれないかもしれないし、実際に、なってはいません。でも、やってきたことの痕跡はちゃんと残っている。たとえば、あなたがやってきたことにしたって、それまで貧困問題に声をあげる人、ましてやそこに注目する人は本当に少なかった。貧困統計も、東大の大沢真理さんがずいぶん頑張ったけれど、旧民主党（現民進党）が政権を取るまでは国は発表しなかった。政権が変わってよかったことのひとつです。

雨宮　シングルマザーの母子加算も、旧民主党政権になって復活しましたからね。

上野　自民党政権に戻ってからも「保育園落ちた日本死ねー!!!」。あれも少数派がわりとコスパのいい運動をやったケースですね。

雨宮　NPO法人しんぐるまざあず・ふぉーらむ理事長の赤石千衣子さん[*3]たちなどの運動で、16年には児童扶養手当の第2子以降増額も勝ち取った。

上野　どれも、声を上げなければ実現しなかったことですから。だから、絶望している場合ではない。やはり、声を上げて動くことが大事です。

雨宮　確かに小さなことを積み重ねてやっていくしかないのだと、改めて思いました。

上野　わたしは、戦後の社会運動史を考えた時に、過去の運動の教訓から学ぶことはすごくあると思います。何より痛感するのは、遠隔目標を作れば作るほど、勝てない闘争になっていく。やはり、目の前の小さな勝利が大事ですね。

雨宮　そして、勝ちグセをつけていく。

学ぶべき点が多い障害者運動

上野 それでいい成果を上げてきたのが、障害者運動です。障害者は人口学的に、絶対に多数派になれない人たちでしょう。その人たちとその家族が、長い年月をかけて、さまざまな権利を獲得していった。それに比べると、高齢者は人口学的多数派なのに、障害者運動と同等のことができない。介護保険が悪くなるのを見逃していますから。障害者だったら、あんなことをされたら黙っていませんよ。

雨宮 確かに非正規雇用の問題や貧困問題も、障害者運動から学ぶことはたくさんあるし、学んでいます。でも、なぜ、障害者運動のようには当事者が大々的に声を上げないのか。ひとつには、覚悟の問題かもしれません。障害者運動は、一生、障害とともに生きていくんだというような覚悟の上に繰り広げられている。でも非正規や貧困の人は、いつかここから抜け出るというのが目標であり夢です。この問題を一生引き受けて頑張ろう、だなんて思わない。とにかく自分はここから抜け出したいという思いがあるからこそ、継続的な運動になりにくい。

上野　なるほど。じゃあ、自分が弱者の立場になっても、根本的な価値観は変わっていないんだ。自分が今、不遇な状態だというのも、その価値観のもとで自分を責めているだけで、そこから抜け出したら、昔のことは忘れてしまう、みたいになってしまうんでしょうか。

雨宮　それはあると思います。今の大変な状況から抜けるのが目標なので、当事者として変えていこうとはなかなか思えない。当事者自身が、貧困は一過性のものだと思いがちなので。

上野　それでは、連帯意識が持ちにくいですね。

雨宮　それが大きな問題です。たとえば、病気を抱えているホームレスの人に生活保護を取ろうよと提案しても、「もっと大変な人がいるし」と、遠慮したり。「もう1年以上たっていますよね」「でも10年やっている人もいる」……といった具合になることもあるし、「生活保護は受けたくない」というプライドの問題があることもある。自分のなかで、今は仮の姿、というストーリーになっているケースもあります。

上野　障害者として生きていこうとすると、健常者社会の価値観をひっくり返さないと生きていけない。わたしはそれを、高齢者にずっと感じていました。本来、障害者運動から学ぶことがたくさんあるのに、両者の接点がほとんどない。それは政治や行政の縦割りが問題であるだけではなくて、実は高齢者自身の意識の問題も大きいんです。

高齢になると、脳梗塞などで後遺障害が残る人が大勢います。そういう方に「障害者手帳」を交付してもらったらどうですか、障害年金をもらったらどうですかと勧めても、一番抵抗するのが本人で、次が家族です。制度があっても、制度を知っていても、使わない。なぜかというと、プライドなんですね。あの人たちとは一緒にされたくない、という思いがある。なぜ一緒にされたくないかというと、それまでどこかで障害者を差別してきたからです。そういうことを考えると、障害者運動と高齢者運動が手を結ぶことは難しい。言いかえると高齢者は、自分が障害者になったという当事者意識がないわけです。もっと言えば、想像力が欠けている。ただ貧困と違い、高齢化は進行する一方ですから、そこから抜け出せない。

雨宮　そうですよね。リハビリをしても、まったく元通りになるわけではないし、老いは進んでいく一方。それを受け入れられない悲劇というか、自分自身が自分を苦しめている。

自立とは依存先の分散

上野　ここにきて問題になっているのは、団塊世代が高齢化してきていることです。障害児を持った親や引きこもりの子どもを持った親が、自分の死後のことを考え始めています。自分が死んだ後、この子たちはどうなるんだろう、と。障害のある本人も、すでに中高年になってきていますから。

雨宮　どうなるんですか？

上野　中産階級の親が考えるのは、経済的にこの子が食べていくために、資産をどうやって残そうかということ。でも重症の障害がある場合は、人の手のお世話になるしかない。少しずつ子どもを人手に委ねようと、お母さんたちが一所懸命、グループホームを作っています。障害者の当事者研究をやっている熊谷晋一郎さんが、いいことを言っています。「自立とは、依存先の分散である」と。さらに最近は、依存の供給の独占と、需要の独占という面白い概念を出してきました（熊谷晋一郎解説・信田さよ子『共依存』12年、朝日文庫）。

雨宮　どういう意味ですか？

上野　供給の独占とは、「わたしがいないとあなたは生きていけない」、つまり共依存、需要の独占とは、「あなたのケアはすべてわたしに」、つまり搾取です。障害児と親の関係は、そうなりがちです。でも、この供給の独占と需要の独占をできるだけ分散させるのが、両者の自立だと彼は言っている。非常にいい視点だなと思いました。

親の側は高齢化によって、需要の独占ができなくなってきている。子どものほうは、脳性マヒ者の障害者団体である全国青い芝の会[*4]が、供給の独占を拒否しました。それは、子ども側の自立です。つまり、障害者運動のなかでは、供給側と需要側がやっとの思いで、需要と供給の多元化をやってきたんです。それだけ切実な必然性が、障害者にはあったからです。それと同じことが、今、介護問題で起きています。熊谷さんが書いていることを、すべて介護に置き換えると、よくわかる。

雨宮 なるほど。

シェアハウスの可能性

上野 依存の供給と需要を分散させるには、どうすればいいか。解のひとつがグループホームです。施設はどうしても管理主義になりがち。場合によっては人権侵害もあるし、時には職員による暴力も発生する。子どもを預けるにしのびない、という気持ちの親もいます。そこで親の会が自分たちで自費を投じてグループホームを作っているケースもある。建設費は親の会で負担しているけれど、重症児に関しては障害者福祉制度が充実したから、公費運営していけます。事業として回していくための制度的な背景があるわけです。その制度を作らせたのは運動の力ですけどね。そう考えると、今、若い人たちがやっているシェアハウスも、高齢化に伴って、制度さえ整えばそのまんまグループホームに移行することだって不可能ではない。だったら、障害者のグループホームや認知症、高齢者のグループホームとシェアハウスが、なだらかにつながっていけないかなと思って。

雨宮　確かにシェアハウスはどんどん増えていますからね。

上野　これまでわたしは、シェアハウスは婚姻制度と対立し合うのではないかと思っていました。つまりシェアハウスにいると結婚願望がなくなるとか、あるいは結婚したらシェアハウスから出て行かなくてはいけないとか。そうしたらシェアハウスの研究をやっている久保田裕之さん（『他人と暮らす若者たち』09年、集英社新書）という社会学者が、結婚する人もいると言う。いったん出て行ってもシェアハウスが実家みたいになる、と。だから出ていったからといって、関係が切れるわけじゃない。

雨宮　いいシェアハウスですね。

上野　面白いよね。そういう拠点があって、そこからカップル形成したり、あるいはカップル解散したり、出たり入ったりしながらゆるやかにつながって、やがてみんな老いていく、というのも。場合によっては、そこで出産、育児とかも可能になるのか。どうなんだろう。

雨宮　そこで共同で育児ができたら、一番理想的ですよね。

上野　海外のシェアハウスだと、シングルマザーやシングルファザーが一緒に暮らしている例もあります。スウェーデンで実際に会った25年くらい続いているカップルは、シェアハウスで暮らしているから自分たちの関係が続いた、と言っていました。第三者がいるから、かえって関係が続く、と。

雨宮　わたしは今、単身アラフォー女性の取材をしていますが、みんな貯金ゼロで、老後どうしたらいいのかまったく見通しがない、と。するとだいたいみんな言うのが、高齢女性でシェアハウスを作りたい、と。シェアハウスの可能性は、見逃せないですよね。

上野　年をとるまで待たなくてもいいかも。

みんなが弱者になる社会

上野　わたしは、超高齢化社会というのは、みんなが弱者になる社会だと思っています。若い時は強者と弱者に分かれるかもしれませんが、高齢者になると軒なみ弱者になる。しかも、弱者になってからの期間が長い。そうなると、お互いに支え合うしかない。先ほど雨宮さんが言ったオルタナティブの支え合いの自治区は、他人事ではありません。実際に介護事業系やコミュニティ関係でいろいろ頑張っているのは、団塊世代の女性が多いんです。そこに、後から男が参入してきている。男も弱者になってきたから。

それと「おひとりさま」ということで言えば、遅かれ早かれみんなおひとりさまになるので。超高齢化社会を、おひとりさまであっても孤立せずに、どう支え合っていけるのか。そのモデル作りをいろいろなところでいろいろな人がやり始めており、その人たちを見ていると希望が湧きます。

雨宮　今、お話を聞いて思い出したのが、先ほど名前を出した「素人の乱」です。素人の乱にかかわっている人たちは、みんな貧乏だけど、いろいろなものを持ち寄って助け合い、貧乏人経済圏みたいなものができている。時には公園や駅前でみんなで鍋や飲み会をしたり、そういう人間関係があれば、生き延びられる。わたし自身、この人たちとかかわっていたら、死なないですむんじゃないかなと感じます。

上野　その気持ち、よくわかる。『おひとりさまの老後』を書いた時、これはお金を持っているおひとりさまの限定オプションだと、批判を受けました。でも実際周りを見ると、自分の経済力に応じて、そこそこ楽しく生きている人たちがいます。それはやはり、人とのつながりがあるからです。お金がなければ人で補充をする。そこで大事なのは、コミュニケーション能力かもしれません。

雨宮　そこが問題ですね……。ちなみに路上飲みはここ10年くらい定着していますが、これは孤立しないためのノウハウでもあるし、お金がない人が交じっていることを考慮してあえて路上にしているんです。

上野　なるほど。一番お金のない人に合わせているんですね。すばらしい配慮ですね。障害者団体は、一番重度の人に合わせて運動をしてきた。それと同じですね。

雨宮　まさにそうですね。わたしたちは無意識にやっていましたが。女子会をやる時も、カフェや居酒屋に行けないなら、公園で素麺を茹でたりもしている。それはそれで、けっこう楽しかったりもする。生活の知恵ですね。ただ冬は寒くて集まれませんが（笑）。

上野　わが家では時々女子会をしますが、今までで一番安上がりだったのが、ひとり一丁持ち寄りの湯豆腐パーティ。安いし、おいしいし、一丁ごとに食べ比べをして物語性もある！女子はとくに、そうやって人とつながることが得意でしょう。

雨宮　そうですよね。そう考えると、団塊ジュニアの男性はどうなるのか。女同士がシェアハウスで生きていこうとしている時に、昭和のオッサン的なジェンダー意識が残っていたりすると、本当に邪魔者にされて行き場がなくなってしまいますから。男性は愚痴や不安をなかなか周りに言わないし、非正規であることも友だちに隠していたりしますからね。生活保護を受けながら、簡易宿泊所で孤立してうつになるんじゃないか、あるいは貧困ビジネスみたいなものに絡め捕られるんじゃないかって。女性より男性のほうが心配です。

まず地方から変えていく

上野　雨宮さんとはいろいろお話ししてきましたが、最後に、政治的リーダーシップの話をもう一度したい。フリーターやニートから政治家に転身する人が、ぜひ出てきてほしい。実際に、そういう人もいます。わたしの友人でずっとフリーターで海外放浪をしてきた男性が、30代の終わりに地方議員になりました。

雨宮　ええっ！　何か人脈とかがあったんですか？

上野　ないないづくしで運動をやった。あまり人口が多くない地域なら、500票獲れば最下位当選できます。

雨宮　500票！

上野　彼は無職で立候補した。妻と子がいて、食えなかったけれど、本当に食い詰めながら頑張った。当選してしまえば、トップ当選も最下位当選も同じでしょう。若さと実行力を売りにして、打って出ることができる。彼は当選後も熱心に地域活動をして、人的つながりを作っていった。なぜなら議員は有期雇用だから、次も当選しないと失業してまた食えなくなる。だから必死。それでまめに地域活動をして、再選され、やがて盤石な地盤を築きました。

雨宮　なるほど。地方議員なら、頑張れば可能性はあるかもしれませんね。

上野　ただ、供託金が問題です。被選挙権を行使したくても、お金の壁が高すぎる。

雨宮　市議選の場合、確か政令指定市が50万円で、その他の市は30万円ですよね。ということは、10人に3万円ずつ借りたら、出馬できるんですね。そう考えると、リアリティがあります。

上野　２００２年に九州初の女性町長となった中嶋玲子さんは、もともとは農業者です。中嶋さんは農村女性の地位向上や地域活性化のために、地道に活動を続けてきた。一次産品だけを売っていたら農業が行き詰まるから、六次産品を作ろうと、仲間の女性たちとアイデアを出し、ひいては食品加工の設備投資にこのくらいかかるけれど未来のために必要な投資だと農協に提案したら、オッサンたちからはねつけられた。そこで中嶋さんは町議会選挙に出て、その後、九州で初の女性町長となりました。農協のような組織を変えるより、地方政治が世の中を変える手っ取り早いバイパスになることもあります。

雨宮　確かに条例を作るなど、地方政治にはさまざまな可能性があると思います。

上野　世田谷区の区長になった保坂展人[*5]さんのような例もある。自治体の首長のほうが、国会議員よりはるかに裁量権を持っています。彼は衆院選では当落を繰り返したけれど、区長に転身して本当によかった。ああいうロールモデルがもっと増えるといいのに、と思います。

雨宮　そうですよね。

上野　ロスジェネ議員進出キャンペーンをやったらどう？　とくに地方議員は、女性向きの仕事だと思います。40代前半までなら、まだ若さでアピールできる。

雨宮　そう言われてみると、確かに地方議員では40代の人も増えていますよね。団塊ジュニアも40代を迎え、まさに見捨てられつつある。中年化した自分たちの問題を訴えていかないと、ますます忘れ去られるので。とくに40代の女性で非正規の人は、本当に生活苦であえいでいる。そのリアリティをそのまま政策に持ちこんだら、今まで単身女性向けの支援なんてほとんどないから、すごくみんな助かりますし。そのモデルは、できることなら作りたい。

上野　雨宮さんにも、政治の世界から声がかかることがあるんじゃない？

雨宮 あるけど、断っています。

上野 断る理由は？

雨宮 わたしの場合は現場を取材し、活動しながら書いているほうが、伝える上で効率がいいと思っているので。ですから自分が政治の場に出るのではなく、あくまで呼びかける側になりたいですね。

上野 団塊ジュニアから政治的リーダーを出すには、選挙のノウハウを蓄積することも大事でしょう。そこへいくと、日本会議[*6]はものすごくうまいですね。

雨宮 そうそう。地域に根差した地道な活動を積み上げていますからね。

上野 すべての地方議会で、同じやり方をしている。つまり、マニュアル化されているわけです。彼らはかつての市民運動などのノウハウを見事に学習し、換骨奪胎して、愚直なまでに地道に活動をしてきた。地方議会に請願し、ロビー活動を行い、決議を勝ち取る。それを全国津々浦々で展開しています。だから、負けたっと思いましたよ。だって右翼の集会に行くと髪の毛が黒いけど、フェミニズムや左翼の集会に行ったら白髪だらけ。日本会議は世代交代に成功し、わたしたちは失敗したかも。

雨宮 その一方で、今まさに、さまざまな世代の女性が手をつないで、大きな運動が作れるはずだし、必要だとも感じます。

上野　本当にそうだよね。

雨宮　女性は、子どもがいる、いないとか、結婚している、していないとか、保育園に入れた、入れないとか、あらゆる分断を超えて、連帯できるはずです。親の介護や自分たちの老後も含めたら、20代から高齢者までみんな問題を共有できるはずだし、そういう場が求められていると感じます。もしそういう場があれば、団塊ジュニアの生きづらさも、かなり緩和される気がします。

上野　本当にそう思います。わたしも国政はとことんイヤになっているけど、農村が都市を包囲するじゃないけれど、地方からまず変わっていくほうが、リアリティがありますね。40代で政治意識があるけれど行き場のない人たちを対象に、選挙塾でもやりましょうか（笑）。人材育成をして、修了時に供託金分の30万円を支給する。次の統一地方選挙までに、試してみない？

雨宮　それ、いいかもしれませんね！　上野先生には、ぜひ顧問をお願いしたいです。

あとがき――40代になった団塊ジュニアへ、責任を感じている団塊世代から

抵抗してきたが、あまりに非力だった

団塊世代と団塊ジュニアとの親子ほどの年齢差のある対談では、どう考えても年長の世代のほうが分が悪い。

思えば40数年前、「こんな世の中に誰がした?」と親世代に詰め寄ったのは、団塊世代だった。その当時の年齢の倍どころか、3倍になるまで生きて、今になって子どもの年齢の世代から「こんな世の中に誰がした?」と詰め寄られたら、言い訳できない立場にいる。

どんな時代も過渡期で、どんな時代も閉塞感にあふれていて、どんな時代もろくでもないが、団塊世代はそのなかでも成長の果実をかすめとって、自分だけいい目にあいやがって、と非難される。だが、どんな時代に生まれるかは、世代の責任ではない。日本近代でいちばんワリを食ったのは、第二次世界大戦中に青春時代を過ごした戦中派の世代だろう。自分たちの寿命が20歳までしかない、と思いながら育った世代だ。それだって彼らの責任ではない。

いちばんワリのよかったのが、戦後高度成長の波に乗った、現在70代後半から80代の人たち。軍国少年・少女や疎開学童だったかもしれないけれど、戦争には行かずにすみ、社会に出てからは、土木、建設、機械、部品、メーカー……何をやっても当たったし、後続の人口圧に押し上げられて管理職にもかんたんになれた。現在は史上最高額の年金を受け取っているはずだ。

団塊世代はその次の世代。社会人になったのは、高度成長の末期。オイルショックに遭遇して、「大学は出たけれど……」と辛酸をなめ、昇進するころには人口構成が変化していて、部下のいない名ばかり管理職が待ち受けていた。

だが、世代のＤＮＡとはおそろしい。経済成長期に青年期を過ごした団塊世代には、「時間がたてば今よりよくなる」という根拠のない楽観があるように思えてならない。反対に、生まれた時にはすでに３Ｃことカー、クーラー、カラーテレビに取り囲まれていた「豊かな社会」に産み落とされた団塊ジュニアの世代は、親の世代の価値観を引き継いだまま、バブル崩壊後の長引く不況のもとに投げ出された。この景気低迷期に青年期を過ごした世代には、「時間がたてば今より悪くなる」という悲観がねづよく埋め込まれているような気がする。

世代間格差ばかりでなく、団塊世代にも世代内格差はある。学歴間格差、企業間格差、職業格差、階級格差……二重労働市場と言われる構造のもとで、大企業正規職と系列下請け企業の臨時工とは、身分格差といってよいほど、人生コースが違っていた。日本型雇用といわれる大企業正規雇用者になったのは労働人口の2割に満たない。中卒者の貧困を、「格差」の名で問題にする人はいなかった。

そして社会はもっとむきだしに野蛮だった。国家はもっと強権的で、政治はカネまみれで、反対闘争は暴力的で、機動隊は横暴で、公安は陰険で、差別はもっとあからさまで、学内暴力や体罰も壮絶だった。

とはいえ、こういう団塊世代の物語は、すべて男の子の物語だった。同世代内のジェンダー格差はもっと大きかった。同じ時代を男として生きることと女として生きることがこんなにも違うことなのか、という落差に、戦後共学教育を受けてきた団塊世代の女たちは、愕然とした。同じ仕事をしながら女だというだけでバイト代や給与に差をつけられ、昇進昇給もなく、いつまでも「女の子」と呼ばれ、居座れば「お局《つぼね》さま」といやがられ、セクハラは「職場の潤滑油」と呼ばれた。マタハラどころか出産したら退職が当然視され、働きたいといえば「母性の喪失」と呼ばれ、子どもを預ける先もなく、育児専業を余儀なくされた。団塊世代の女は、戦後コーホート（同年齢集団）のなかで専業主婦率がもっとも高いという特徴がある。好きで無業の主婦になったわけではない。働くオプションが与えられていなかったのだ。「ワンオペ育児」どころか、夫不在の母子家庭のなかで密室育児を強いられ、追い詰められて母子心中に至り、夫のDVやモラハラを受忍し、親が高齢化すれば当然のように介護負担が待っていた。

団塊世代に閉塞感があったと言えば、意外に聞こえるだろうか？　たしかに経済成長の波には乗っていたが、男の子には企業社会の取り替え可能な歯車になる、女の子には夫不在の家庭を守る後方支援の妻になる、という選択肢しか見えていなかった。社畜と専業主婦の組み合わせである。まして女には、結婚しないで生きるオプションなど、ないも同然だった。だからこそ、わたしの世代の「負け犬おひとりさま」は超レアものなのだ。

その頃と比べれば、だからちょっとはましになったじゃないか、と言いたい気持ちもある。それをましにしてきたのはわたしたちだ、と言いたくもなる。お茶くみをしなくてよくなったのはだれのおかげだとか、セクハラはイエローカードと言えるようになったのは誰が闘ってきたからか、とか。

だが、気がつけば政治はかつてよりはるかに右傾化し、改憲勢力は国会の3分の2を占めるに至り、働く女は増えたけれどその過半は使い捨ての非正規労働者になり、子育ての環境はいっこうに改善されず、DV夫はなくならない。将来は世の中がよくなるだろうと思ってきたのに、実際に手に入れたものを目にして、呆然とするばかりだ。そしてその変化は「気がつけば」そうなっていたという自然現象ではないのだから、誰かが起こした人災で、誰かに責任があるとしたら、その変化を見過ごしてきた者たちにも責任の一端はある。いや、見過ごしてきたわけではない、抵抗してきたが、あまりに非力だった……としたら、非力だったことにも責任があるだろう。

団塊ジュニアやその次の世代に手渡すもの

団塊世代と団塊ジュニアの何が違うか、と言えば、闘えば世の中は変えられる、と団塊世代が思えたことだろうか。72年の連合赤軍事件でたしかに新左翼運動は壊滅的打撃を受けたが、学生運動をやってきた者たちのスピリットやノウハウはなくなったわけではない。事実、団塊世代の学生運動経験者は、その後各地に散っていって住民運動や市民運動の担い手になった。全共闘世代はブル転（ブルジョワ転向）したと言われるが、わたしの知る限り、当時の仲間たちはその後も草の根で運動を続けている。女たちもそうだ。リブやフェミニズムに参加した女もいるし、無業の主婦になった女たちも、食品安全や環境保護の闘いで小さな勝利を収めてきた。

だがそれから40年、団塊ジュニアが40代に入ろうという頃まで、この運動のDNAは受け継がれることがなかった。わたしはそれを「政治的シニシズム（冷笑的態度）」のせい、と考えてきたが、雨宮さんはそれを政治を「禁止」されたから、という。なるほど親世代のシニシズムは、子どもにとっては「禁止」と映るだろう。政治について語るだけでバカにされ、退かれ、場から浮くようでは、やがて人は政治について語らなくなる。彼らの世代が政治、それも右翼の政治にめざめたのは、小林よしのりのマンガによってだった、と聞いたのはショックだった。

世代間格差がいろいろあるなかで、団塊世代と団塊ジュニアとの大きな格差のひとつは、この「希望格差」かもしれない。未来が今よりよくなる、その気になれば変えられる、という「希望」を持つことができる世代とそうでない世代とでは、大きな格差が生まれるだろう。90年代に宮崎アニメやサブカルのなかに漂うねぶかい終末観に気づいて、若者たちにこんな「未来のない」世界観しか与えることができなかったのか、とわたしは愕然としたものだ。「まえがき」で雨宮さんは、対談のなかでわたしが「自由になりたいと思った」と言うのを聞いて胸を衝かれたという。雨宮さんにとっては「自由」は「自己責任」とセットで、自由といいながら実際には不自由な選択肢にがんじがらめになっていた、と。団塊世代にとっては逃れるべき抑圧、闘うべき敵ははっきりしていたが、選択肢が多様化したように見えてその実、不自由な選択肢しか与えられていない団塊ジュニアは、「自由」の前で足がすくんだかもしれない。団塊世代は「家族帝国主義粉砕！」を叫んだが、今となってはそれは対決すべき敵となるほど家族が強固だったからかもしれない。その団塊世代が作りあげた家族が、何のモデルとなることもできず、親は息子や娘たちに「好きなように生きていいんだよ」と口先では言うが、その実、子どもたちは親に背こうにも、寛容という名の抑圧に抗するには、どうしてよいかわからないのかもしれない。他方で学歴偏差値社会の呪縛は強化されており、親が口に出そうが出すまいが、その期待から降りることなど、子どもたちにはできなかったのかもしれない。

彼女は「信じられる価値観」に飢えていた、という。どんな時代の若者も、「信じられる価値観」に飢えている。「信じられる価値観」とは、どんなものも洗脳装置だ。自由が不安だから洗脳装置を求めるのは、どの時代にもある。戦争中の若者も、死を受け容れることができるだけの「信じられる価値観」に飢えていただろう。団塊世代の若者のなかにも、「革命」という洗脳装置に浸っていた者もいたし、「ロマンチック・ラブ」という洗脳装置に影響された者もいた。オウムに入信した若者たちも「信じられる価値観」に飢えていたことだろう。

だが長生きしてわかることのひとつは、そんな価値観など、どこにもないことだ。そして、そんなものがなくても、人間は生きていけるし、生きていかなければならないことだ。今や40代になった雨宮さんにも、同じことはわかるだろう。

「信じられる価値観」はないかもしれないが、「信じられる人」はいるだろうし、いないよりいるほうがよい。「信じられる人」は絶対的に信頼を寄せられる人でなくてもよい。もしそれが絶対的な存在なら、これもまた洗脳装置と変わらない。「信じられる人」も時々「信じられないこと」を言ったりやったりする。神サマではなく、人間だからだ。

「べてるの家」の向谷地《むかいやち》生良《いくよし》さんは、「とりあえず信じる」「やけくそで信じる」という。信頼は、信じる前にではなく、信じることによって、後から生まれてくる。そしてわたしにとっての「信じられる人」のひとり、臨床心理学者の霜山徳爾《しもやまとくじ》さんは、信頼は獲得するものではない、「相手から贈られるもの」だという。

わたしの前にそんな「信じられる人」たちが歩いているので、とりあえずわたしも生きてみようかと思う。そしてふと、前を歩いている人たちより、後ろから歩いてくる人たちの方が多くなった今、自分はその人たちにとって「信じられる人」になっているだろうか、と忸《じく》怩《じ》たる思いがする。

団塊ジュニアも人生の後半に入った。後続の世代が次々にやってくる。団塊世代が「こんな世の中に誰がした？」と詰め寄られるように、団塊ジュニアも後からくる世代に、同じように詰め寄られる時が来るのも近いだろう。言い訳無用、先行する世代は後続する世代に引き渡す社会について、責任がある。

団塊世代はよいことも悪いこともした。そのなかから悪いことを拒否して、よきものを受け取ってほしいと思う。そのよきもののひとつに、「闘って社会を変える」という態度がある。惨憺たる敗北をしたが、少しは勝利もした。やらないよりやったほうがよかったことはたくさんある。

今さまざまな社会運動の担い手たちは、世代交代の時期にあって、後継者問題に直面している。手渡したい知恵やノウハウはいっぱいある。だが、差し出した手は、振り払われるかもしれない。あらゆるコミュニケーションと同じく、コミュニケーション障害は伝える側と受け取る側の両方に責任がある。

わたしは子どもを産まなかったが、わたしの世代が育てた子どもたちに生き延びていってほしいと思う。できれば幸せに、生きてほしいと思う。その次の世代についてもそう思う。すべての時代は過渡期で、すべての世代は道半ばで斃《たお》れるだろう。自分の前に連なるひとびとの群れと、自分の後に連なるひとびとの群れとに気づく時、わたしたちには責任が生まれる。それに気づくのに、40代はじゅうぶんな年齢だろう。

2017年夏

上野千鶴子

注釈

●まえがき

＊1　**ロスジェネ**　ロストジェネレーション、直訳すると「失われた世代」。もともとはヘミングウェイやフィッツジェラルドなど、第一次世界大戦後のアメリカの作家たちの世代を指した。日本では「朝日新聞」が２００７年の年始特集で、バブル崩壊後の「失われた10年」に社会に出た当時25～35歳の若者たちの実態を連載。この世代に多いフリーター、派遣労働者、引きこもり、就職難民たちを総称する言葉として広がっていった。

●第1章

＊1　**全共闘**　全学共闘会議の略。１９６８年から69年にかけて日本の各大学で学生運動が起きた際に、学部やセクト（党派）の垣根を越えた運動として生まれた連合体。日本大学の使途不明金問題がきっかけで起きた日大全共闘、東京大学医学部インターンの不当処分に端を発する東大

全共闘がよく知られており、この波はあっという間に全国へと広がっていった。

*2 **中間団体** 国家と個人の中間にある団体。もともとは中世ヨーロッパで、自治都市やギルド、地区の教会などを指していた。今の日本では、労働組合や各種NPO、農協や漁協などの職業団体、地域のコミュニティ、宗教団体などがこれにあたる。

*3 **サブカルチャー** いわゆる主流の文化（メインカルチャー）ではなく、一部の人たちに愛好される下位文化。日本では1980年代にサブカルチャーのブームが起き、アニメ、漫画、コンピュータゲーム、オカルト、小劇場、テクノミュージック、ストリートファッションなど、まさに百花繚乱の相を呈した。90年代になると「オタク文化」がサブカルチャーの核を占めるように。サブカルチャーという言葉は「サブカル」と省略されるようになった。

*4 **ロフトプラスワン** 1995年に新宿富久町にオープンし、98年に新宿歌舞伎町に移転したトークライブハウス。音楽・映画・文学・漫画・アニメ・お笑い・エロ・政治・経済など、あらゆるテーマのトークライブが連日行われており、サブカルチャーの殿堂とも言われている。

*5 **『別冊宝島』** 1973年にサブカルチャー誌『WonderLand』としてスタートした雑誌『宝島』の別冊ムックで、76年の『全都市カタログ』が第1冊目。政治、音楽、芸能、アニメ、風俗、精神世界など幅広いテーマを扱っている。

*6 **宮台真司**（みやだい・しんじ） 1959年生まれ。社会学者、映画評論家。首都大学東京教授。93年頃から、オウム真理教、援助交際などに関する言論で注目を浴びるように。社会学の研究者として、サブカルチャーから日本の将来まで独自の視点から発信を続けている。主な著書に

『制服少女たちの選択』『終わりなき日常を生きろ——オウム完全克服マニュアル』など。

*7　**ブルセラ**　「ブルーマー」と「セーラー服」を合体させた造語。1990年代から男性客を対象としたブルセラショップが現れ、女子高生が身につけた制服や体操服、スクール水着、下着などが売買された。

*8　**小林よしのり（こばやし・よしのり）**　漫画家。1953年生まれ。『東大一直線』『おぼっちゃまくん』などのヒット作を発表し、92年に雑誌『SPA!』にて『ゴーマニズム宣言』の連載を始めてからは、思想、政治、時事問題に関する社会評論的な活動がメインとなる。近年のゴーマニズム宣言SPECIALに『新戦争論』『大東亜論』『天皇論平成29年』『脱原発論』など。

*9　**見沢知廉（みさわ・ちれん）**　1959年生まれ。新右翼活動家、作家。高校時代は暴走族に所属する一方、読書にも耽溺し作家を志望。一時新左翼運動に参加するが、80年、右翼学生団体・日本学生同盟に加入。その後、一水会統一戦線義勇軍書記長に就任。火炎瓶によるテロ活動、内ゲバによる殺人で懲役12年の判決を受ける。獄中で書いた『天皇ごっこ』が95年、新日本文学賞の佳作に選ばれ、その後創作活動を続ける。2005年に自殺。

*10　**東アジア反日武装戦線**　1974年に起きた爆弾による無差別テロ・三菱重工爆破事件など、一連の連続企業爆破事件を起こした日本の極左グループ。

*11　**『腹腹時計』**　1974年に発行された、爆弾の製造方法やゲリラの戦法を記した本。東アジア反日武装戦線の実行グループ「狼班」が地下出版した。

*12　**ネトウヨ**　「インターネット」と「右翼」を合わせた造語。ブログや2ちゃんねるの掲示板な

ど、ネット上で右翼的な発言を展開する人たちのこと。

*13　ウーマン・リブ　1960年代後半にアメリカに起こり、その後、世界的に広まっていった女性解放運動。アメリカではベトナム戦争の反戦運動と呼応するかのように大きな渦となり、事実上男子校のようであった大学でも女子の入学が認められ、女性の自立への機運が高まった。日本では全共闘運動や新左翼運動のなかから、男女の性別役割分担に疑問を抱いた女性たちが、ウーマン・リブ運動を始めた。

*14　新しい歴史教科書をつくる会　1996年、西尾幹二や藤岡信勝らによって設立された社会運動団体。従来の中学校社会科の歴史教科書は「自虐史観」に毒されていると批判し、自由主義史観に基づく新たな教科書の作成と普及を提唱。2001年、『新しい歴史教科書』が「右傾化」との批判を受けながらも検定を合格し、初版が扶桑社より出版された。この教科書をめぐっては中国・韓国との外交問題にまで発展した。

●第2章

*1　民青　日本民主青年同盟の略で、大正時代に設立された日本青年共産同盟がルーツ。1960年代後期、学生運動の昂揚期には、全共闘などの反代々木派（代々木駅の近くに日本共産党の本部があるため、共産党を批判する党派はこう呼ばれた）や新左翼と激しく対立した。

*2　ノンポリ　ノン・ポリティカルの略で、政治に関心がない人のこと。全共闘時代によく使われ

た言葉で、学生運動に関与せず、どの党派にも属さない学生はノンポリと呼ばれた。

＊3　**一〇・八の羽田闘争**　1967年10月8日、佐藤栄作内閣総理大臣（当時）の南ベトナム訪問阻止を図り、新左翼と機動隊が衝突した事件。学生側は、国内の米軍基地がベトナム戦争の基地として使われている以上、日本は後方支援をしていると主張。この攻防戦で学生側は死亡者が1人、重軽傷者600人を超え、58人の逮捕者が出た。羽田闘争は「10・8（ジッパチ）」と呼ばれ、新左翼にとって特別視される日となる。この時初めて本格的に登場したヘルメットとゲバ棒のスタイルは、以後、新左翼による実力行動に引き継がれた。

＊4　**松井久子（まつい・ひさこ）**　1946年生まれ。映画監督、映画プロデューサー。雑誌のフリーライター、テレビ番組制作を経て、93年から映画製作にかかわる。戦争花嫁としてアメリカに渡った女性を描いた『ユキエ』で、98年監督デビュー。主な監督作品に『折り梅』『レオニー』『何を怖れる――フェミニズムを生きた女たち』など。

＊5　**米津知子（よねづ・ともこ）**　1948年生まれ。学生運動を経て、1970年代よりウーマン・リブ運動に参加。ポリオで足の障害を負ったことで〝男からは選ばれない〟という自意識を抱えたことも、ウーマン・リブに向かう原点ともなった。72年からの5年間は田中美津らとともにリブ新宿センターで複数の女性たちと共同生活を送りながら、優生保護法問題やDVなど女性をとりまく問題に取り組んだ。現在は「SOSHIREN女（わたし）のからだから」「DPI女性障害者ネットワーク」のメンバー。

＊6　**連合赤軍**　1971年から72年にかけて活動した日本のテロ組織、新左翼組織の1つ。71年8

月から72年2月にかけて同志を「規律違反」「日和見主義」「スパイ」の理由で処刑したリンチ殺人事件、72年2月19日から28日にかけて連合赤軍のメンバーが人質をとって企業の保養所にたてこもったあさま山荘事件などを引き起こした。機動隊があさま山荘に突入する模様が終日テレビで中継され、民放とNHKを合わせた視聴率は89・7％に達した。

＊7 **ネオリベラリズム** 新自由主義。さまざまな定義があるが、一般には競争志向を正当化し、政府による個人や市場への介入は最小限とする市場万能主義を指して使われる。1970年代のスタグフレーションをきっかけに、アメリカでは新自由主義に基づく経済政策が取られるように。自己責任を基本に小さな政府を推進し、福祉・公共サービスなどの縮小、グローバル化を前提とした経済政策、規制緩和による競争促進、労働者保護廃止などが進んだ。

＊8 **『積木くずし』** 俳優の穂積隆信が、不良少女となった娘との200日間の葛藤を描いた体験記。1982年に出版され、300万部を超えるベストセラーになり、ドラマ化、映画化された。

＊9 **神戸の校門圧死事件** 1990年7月6日、兵庫県立神戸高塚高等学校で、同校の教諭が遅刻を取り締まるため校門を閉鎖しようとしたところ、時間ぎりぎりに校門をくぐろうとした女子生徒（当時15歳）が校門にはさまれ、死亡した事件。この高校では徹底した管理教育を推進していた。

＊10 **アダルトチルドレン** もともとはアルコール依存症の親がいる家庭や、親による虐待など、機能不全家族で育ったため、成人してからもトラウマを抱えている人を指す言葉。徐々に解釈が拡大され、過干渉や過保護なども含め親から偏った愛情しか受けられなかったことが原因で、

社会生活に違和感を抱いたり、生きづらさを感じる人たちにも使われるようになった。日本では西山明の『アダルト・チルドレン』（95年）、斎藤学『アダルト・チルドレンと家族——心のなかの子どもを癒す』（96年）などで広く知られるようになった。

＊11　**モラトリアム型**　モラトリアムとはもともと、非常時における債務などの支払いの「猶予期間」を意味する金融用語。ここから転じて、心理学では「肉体的には大人ではあるが、社会的義務や責任を課せられない猶予の期間」を指すようになった。日本では小此木啓吾の『モラトリアム人間の時代』（78年）でこの言葉が広く知られるように。一人前の大人になることを先延ばしにする若者、といった否定的な意味合いで使われることが多い。

＊12　**日教組**　日本教職員組合の略。1947年、教育の民主化などを目的に結成。教育の国家統制に反対する立場で、さまざまな活動を行ってきた。60年には加入率が全教職員の80％に達していたが、近年、加入率が下がっている。

＊13　**相模原の障害者大量殺傷事件**　2016年7月26日未明、神奈川県相模原市にある知的障害者福祉施設「津久井やまゆり園」で、元職員の当時26歳の男が入所者19人を刺殺、26名に重軽傷を負わせた事件。「重度の障害者は生きている意味がない」と主張し、犯行に及んだ。

●第3章

＊1　**ワーカーズ・コレクティブ**　雇う－雇われるという関係ではなく、働く者同士が共同で出資し

て、それぞれが事業主として対等に働く労働者協同組合のこと。日本でその存在が注目されてきたのは80年代以降である。

＊2 エキタス　格差と貧困を是正するため、若者たちを中心に結成された市民団体。最低賃金の引き上げを求める運動などを展開している。

＊3 一億総中流　内閣府が実施している「国民生活に関する世論調査」で、1960年代半ばには自らの生活を「中流」と答える人が8割を超えるように。70年以降は約9割となった。

●第4章

＊1 アンファンテ保険　アンファンテは仏語「子ども」の意味。子どもの預け合いから起きる不測の事態に備えて、澤登信子が保険会社と共同開発した保険商品。

＊2 対幻想　思想家・吉本隆明の言葉。吉本によると、「共同幻想」「自己幻想」と並び人間の幻想領域を構成する一カテゴリーで、「対幻想」は男女の性や親子という関係によって結びついた「家族」の本質であると定義している。

＊3 メンヘラ　心が病んでいる人を指すネットスラング。もともとは2ちゃんねるの「メンタルヘルス板」に集まる人を指し、メンタルヘルスを略して「メンヘル」、そこに通う人という意味で「ラー」をつけ、「メンヘラー」から「メンヘラ」となった。ネガティブ思考、リストカットを繰り返す、精神安定剤が手離せないような人がメンヘラとされる。

＊4　**木嶋佳苗**（きじま・かなえ）　2007年から09年にかけて発生した中高年の独身男性連続不審死事件の容疑で逮捕。「婚活殺人事件」とも呼ばれている。セレブを装ったブログや、逮捕後の手記なども話題となった。

●第5章

＊1　**介護保険**　社会の高齢化に対応するため、2000年に施行された社会保険制度。要支援1～2、要介護1～5と何段階かに分かれており、要介護認定に基づいて、介護サービスを利用することができる。

＊2　**地域包括支援センター**　地域住民の保健医療の向上や福祉の増進、介護予防マネジメント、虐待防止のための権利擁護などの業務を総合的に行う機関。各区市町村に設置されており、保健師、社会福祉士、主任介護支援専門員等が業務に当たっている。

●第6章

＊1　**田嶋陽子**（たじま・ようこ）　1941年生まれ。女性学研究者、英文学者。76年、法政大学教授に就任。90年頃より、テレビに頻繁に出演するようになる。2001年、社民党比例区で参議院議員に当選。近年はシャンソン歌手として、トークをまじえたライブ活動を行っている。

＊2　田中美津（たなか・みつ）　1943年生まれ。70年に「便所からの解放」というチラシを発表し、ウーマン・リブ運動の先駆者となった。71年、いくつかのリブグループとともに新宿に「リブ新宿センター」を設立。女性の駆け込み寺的な役割を果たした。75年、メキシコに渡り、帰国後は鍼灸師として活動している。主な著書に『いのちの女たちへ――とり乱しウーマン・リブ論』『かけがえのない、大したことのない私』など。

＊3　小倉千加子（おぐら・ちかこ）　1952年生まれ。心理学者。専攻はジェンダー論、女性学。いくつかの大学の教授を経て、2005年以降は執筆、講演活動に専念。『松田聖子論』『アイドル時代の神話』など、芸能人分析の本でも知られている。

＊4　ウルストンクラフトのディレンマ　「平等」と「差異」の矛盾をどう引き受けるか。そのジレンマは、フェミニズム黎明期からの命題でもあった。この言葉のもとなったメアリ・ウルストンクラフト（1759〜97年）はイギリスの社会思想家で、フェミニズムの先駆者。『女性の権利の擁護』はフェミニズムの古典と言われている。

●第7章

＊1　SEALDs　自由と民主主義のための学生緊急行動（Students Emergency Action for Liberal Democracy - s）の略称。特定秘密保護法に反対する学生有志の会を前身とし、2015年5月3日に結成。安全保障関連法に反対するため、国会前での抗議デモを主催していた。「デモは

かっこいい」と思わせる戦略を取り、新しい運動スタイルを生んだことでも注目される。16年8月でいったん活動を区切り、17年3月に元メンバーらが新団体「未来のための公共」を設立。

＊2　**ミソジニー**　女性や女らしさに対する嫌悪や蔑視。

＊3　**しんぐるまざあず・ふぉーらむ**　1980年に発足し、2002年にNPOになったシングルマザー当事者中心の団体。全国8ヶ所に姉妹団体があり、交流会、相談会、電話相談等、シングルマザーの生活を支えるさまざまな活動を行っている。

＊4　**全国青い芝の会**　脳性マヒ者の交流や社会への問題提起などを目的として1957年に設立された「青い芝の会」が前身。「青い芝の会」は障害者福祉や生活保護などの問題で、官公庁や各政党への陳情、交渉を行い、権利獲得につとめた。各地に地方組織も結成され、73年に「全国青い芝の会連合総会」が発足。現在まで活動が続いている。

＊5　**保坂展人（ほさか・のぶと）**　1955年生まれ。世田谷区長。教育ジャーナリストとして、管理教育打破を提唱。若者が自由に出入りできるフリースペースやミニコミ誌などを発行する。96年、社民党公認で衆議院議員に初当選。その後当落を繰り返し、2011年、世田谷区長に当選。

＊6　**日本会議**　1997年に設立された民間団体。円覚寺管主・朝比奈宗源の呼びかけで74年に設立された「日本を守る会」と、財界人や学者を中心に78年に結成された「元号法制化実現国民会議」を母体とする「日本を守る国民会議」の統合組織。〝美しい日本の再建と誇りある国づくり〟を掲げ、憲法改正、ジェンダーフリー教育の是正、愛国心教育、内閣総理大臣の靖国公

式参拝などさまざまな案件に対して活発なロビー活動を行っている。安倍内閣は、日本会議にかかわっている議員が多数を占めていると言われている。

ラクレとは…la clef=フランス語で「鍵」の意味です。
情報が氾濫するいま、時代を読み解き指針を示す
「知識の鍵」を提供します。

中公新書ラクレ
598

世代《せだい》の痛《いた》み

団塊《だんかい》ジュニアから団塊《だんかい》への質問状《しつもんじょう》

2017年10月10日発行

著者……上野千鶴子《うえのちづこ》　雨宮処凛《あまみやかりん》

発行者……大橋善光
発行所……中央公論新社
〒100-8152 東京都千代田区大手町 1-7-1
電話……販売 03-5299-1730　編集 03-5299-1870
URL http://www.chuko.co.jp/

本文印刷……三晃印刷
カバー印刷……大熊整美堂
製本……小泉製本

Published by CHUOKORON-SHINSHA, INC.
Printed in Japan　ISBN978-4-12-150598-9　C1295

中公新書ラクレ　好評既刊

L575
ゴリラは戦わない
――平和主義、家族愛、楽天的
山極壽一＋小菅正夫 著

ゴリラの世界は、誰にも負けず、誰にも勝たない平和な社会。石橋を叩いても渡らない慎重な性格で、〝戦わない〟主義。ゴリラが知ってる幸せの生き方とは何だろう？　平和主義、家族愛、楽天的人生……。人間がいつのまにか忘れた人生観を思い出す、ゴリラの生涯が人間の社会に提言をおくる。京都大学総長の山極壽一先生と旭山動物園の小菅正夫前園長の異色の対論集。ＡＩ化する現代社会の中で生きる人間に一石を投じる一冊！

L585
孤独のすすめ
――人生後半の生き方
五木寛之 著

「人生後半」を生きる知恵とは、パワフルな生活をめざすのではなく、減速して生きること。「前向き」の呪縛を捨て、無理な加速をするのではなく、精神活動は高めながらもスピードを制御する。「人生のシフトダウン＝減速」こそが、本来の老後なのです。そして、老いとともに訪れる「孤独」を恐れず、自分だけの貴重な時間をたのしむ知恵を持てるならば、「人生後半」はより豊かに、成熟した日々となります。話題のベストセラー!!

L595
教育とは何？
――日本のエリートはニセモノか
尾木直樹＋茂木健一郎 著

国際社会の中で、日本人はどこまでバカになってきたか？　トレーニング主義や階段を上がるように、基礎から発展へと機械的に教えるステップアップ方式は、脳科学からも成果なく危険さえあるらしいです。そして、現在の教育での高校入試や偏差値教育は害悪でしかないのです。子どもたちは、学ぶ意欲は萎え自立力をなくしています。本書は、人間の「個性」を大切にした、世界レベルの教育改革を提言する「おぎ・もぎ対談」の決定版です！